理科の達人が推薦する

理科重要観察・実験の指導法
3・4年生 50選

監 修：東北大学大学院情報科学研究科 教授 堀田龍也
編 著：群馬県藤岡市立藤岡第二小学校 校長 齋藤俊明
　　　　群馬県前橋市立城南小学校 教頭 笠原晶子

はじめに　監修者から

観察・実験で理科の問題解決を大切にしたいと願う
読者のみなさんへ

東北大学大学院情報科学研究科 教授　堀田 龍也

　小学校中学年では、生活科で培った体験的な学習の延長として、理科において観察・実験を取り扱います。観察・実験は、理科における問題解決の中核に位置付けられるものです。
　観察・実験は体験的な活動です。しかしそこに知的な思考が行われなければ、肝心な学習内容に深く迫ることはできません。読者のみなさんの教室では、観察・実験から思考に繋がっているでしょうか。

　我が国の小学校理科で取り扱う内容は、「A.物質・エネルギー」、「B.生命・地球」の2つに内容区分されています。3年生では、物の重さ、風やゴムの力、光、磁石、電気などの現象、身近に見られる動物や植物、日なたと日陰の地面の比較などについて、「物の性質やその働きについての見方や考え方、自然の事物・現象に見られる共通性や相互のかかわり、関係などについての見方や考え方を養う」ことが目標となっています。4年生では、空気や水、物の状態の変化、電気による現象を力、熱、電気の働き、人の体のつくり、動物の活動や植物の成長、天気の様子、月や星の位置の変化などについて、「物の性質やその働きについての見方や考え方、自然の事物・現象に見られる規則性や関係についての見方や考え方を養う」ことが目標となっています。
　観察・実験は体験的な活動ですが、これらを行う前に予想や仮説を立てること、行った後に結果について考察を行うことが、科学的な思考力や表現力の育成にとって何より重要です。したがって、観察・実験にあたって「何を調べるのか」「なぜ調べるのか」「どのように調べるのか」というような手続きを明確に理解させてから取り組ませることが必要です。しかしこれらの活動には一定の時間がかかります。授業時間のできるだけ多くを観察・実験そのものにかけるためには、教師による説明はわかりやすさを担保した上で、できるだけ短い時間で行いたいものです。
　また、望まれるすべての観察・実験を行い得るほど潤沢な指導時数はありません。理科の指導時数は現在でもかなりタイトです。1つ1つの観察・実験をすべてていねいに行わせることは無理な話です。ということは、重要な観察・実験に絞って、どの児童にも確実に望ましい体験的な活動になるようにするために、その手順やポイントを教師が短い時間でわかりやすく説明して仮説を持たせ、観察・実験をスムーズに行い、残った時間をできるだけ児童が観察・実験およびその結果から考察することに時間を割くようにしたいものです。

　本書は、小学校中学年の理科の観察・実験の指導場面において、その手順やポイントを教師が短い時間でわかりやすく説明し、その後の観察・実験から理科の本質に迫る思考を導くことを目指して企画されました。そのために、理科教育に深く関わってきた齋藤俊明氏と笠原晶子氏を編著者に迎えました。第1章は、彼らが長年培ってきた小学校中学年の理科指導の原則を執筆したものです。
　次に、教科書や理科学習ノート等の教材に多く見られる典型的な観察・実験から彼らの目で50点選定しました。各観察・実験に対し、その手順やポイントを編著者の2人が教師向けに書きました。その上で、当該の観察・実験を授業で行う際の具体的な展開例を示しました。これが第2章および第3章です。
　第4章には、近年、普通教室に大型テレビや実物投影機、ノートパソコンなどの提示系ICTが広く導入されている現状を踏まえ、教師が資料をICTで映して説明する場合のノウハウについて、ICT活用分野の有力な実践研究者である高橋純氏に整理してもらいました。さらに第5章として、観察・実験での学習成果の定着のための学校教材の活用について、理科教育の実践家である八木澤史子氏に担当してもらいました。

　本書で取り上げた図表やイラスト等の資料は、株式会社教育同人社発行の『理科学習ノート3年』『同4年』に掲載されているものから厳選しました。これには理由があります。
　理科で用いられる資料のうち、個々の図版・写真等には当然ながら版権・著作権があります。それぞれの版権

者・著作権者に権利がありますから、簡単に転載することができません。正式な手続きに長い時間と相応の費用を支払えば可能となりますが、その分、本書の価格に上乗せされることとなり、出版も遅延します。

一方、多くの教師が期待するのは教科書に掲載されている図表やイラストそのものだと思いますが、これらの資料にも上記のような権利者がいるか、そうでない資料は教科書会社の著作物です。教科書会社の多くはデジタル教科書を開発し販売していますので、著作物は自社利用が原則となります。

教科書の採択は広域で行われます。その上でデジタル教科書まで導入されるかは各自治体の予算規模等に影響されます。デジタル教科書の市場価格は1教科1学年あたりおおむね6～8万円です。この金額で1学年だけでも購入してもらえる地域はまだあまり多くありません。単級の学校も増えている中、なかなか羽振りの良いICT整備はできないという現実があります。

このような背景の中、私は、児童向けの理科学習ノートを制作し副教材として学校向けに販売している教材会社である株式会社教育同人社に協力を依頼しました。同社の森達也社長は私の考えに共感してくれ、協力のご快諾をいただきました。もちろん、理科学習ノートにも他者が権利者である資料はたくさんあります。そこで、教育同人社が版権を持つ資料に絞った上で厳選し、不足分を別途作成することとしたのです。

さらに私は、デジタル教材を広く開発しているIT企業であるチエル株式会社に協力を依頼しました。同社の川居睦社長もまた大いに共感してくれ、本書に掲載されている50点の観察・実験の手順やポイントを提示できるような提示用デジタル教材の共同開発をご快諾いただきました。その結果、『小学校の見せて教える理科 観察・実験3年生』『同4年生』という一斉授業を前提とした提示用デジタル教材が完成しました。このデジタル教材では、観察・実験の手順やポイントを順序立てて表示することができます。たとえば、器具の使い方を名称を隠して提示したり、実験の手順を器具の操作の留意点と同時に表示したりすることができます。理科学習ノートのある図表やイラストを実物投影機で大きく映すことと比べれば、観察・実験の性質に応じた部分提示が可能となるのです。しかもデジタル教科書よりはるかに安価に、教師個人での利用は4,900円という価格での販売を実現してくれました。

このように、理科教育に卓越した教師たち、ICT活用の実践研究者、教材会社、そしてデジタル教材開発企業の異業種コラボレーションによって、本書が完成したのです。

50点に厳選するという作業は難航しました。なぜなら教科書に掲載されている観察・実験ならば、いずれも大切なものだからです。かといって100選にしてしまったら、理科が得意な少数の教師なら喜ぶでしょうが、理科はあまり得意ではないという教師たちや、近年増加している若手教師たちの指導力を考えると、結局はどれを大切にすればいいかを惑わすことになってしまいます。

すなわち本書は、理科の指導があまり得意ではないという教師たちをメインターゲットにしています。どれも大切な観察・実験の中から、タイトな授業時数と児童の実態を考え合わせ、この50点の観察・実験をしっかりと指導すれば、自然事象を深く検討するような授業につながりますよということを主張しています。このような授業の実現を支援するのが、先に紹介した『小学校の見せて教える理科 観察・実験3年生』『同4年生』という提示用デジタル教材です。本書の読者のみなさんには、ぜひこの教材の併用をお勧めします。

学校教育法第30条には、「基礎的な知識及び技能を習得させるとともに、これらを活用して課題を解決するために必要な思考力、判断力、表現力その他の能力をはぐくみ」とあります。これが今期の学習指導要領の基調です。重視されている思考力、判断力、表現力は、習得させた基礎的な知識及び技能を活用させて育むと書いてあるのです。まずは基礎的な知識及び技能をしっかり身に付け、それを活用する学習活動をして、より高次な学力も身に付けていくという二段構えの学習こそが「生涯にわたり学習する基盤が培われる」ための学習なのです。

基礎的な学力の必要性は何も変わっていません。私たちは、限られた時間の中でより確実にこれを身に付けさせなければなりません。知識や技能を活用する学習活動の時間を十分に確保するための指導内容の厳選と指導方法の効率化。私たちが本書を書いた大きな思想はここにあります。

本書が読者のみなさまのお役に立てることを願っています。

理科重要観察・実験の指導法 50選

はじめに
観察・実験で理科の問題解決を大切にしたいと願う読者のみなさんへ
　　堀田龍也　東北大学大学院情報科学研究科　教授 …… p2

第1章　3・4年生理科の指導のポイント
1. 理科の学習で大切にしたいこと …… p6
2. 中学年理科における観察・実験の概要 …… p8
3. 観察・実験で養われる力 …… p10
4. 観察・実験をさせるときのポイント …… p11
5. 効率よく効果的に観察・実験を行うには …… p12

第2章　理科重要観察・実験の指導法　＜3年生＞
● 資料の見方 …… p14
　デジタル教材「小学校の見せて教える理科　観察・実験」とは

A．物質・エネルギー
① ものの重さ …… p16
　　実験 1 おき方をかえたときのものの重さ　実験 2 形をかえたときのものの重さ　コラム 電子てんびんの使い方
② 風やゴムのはたらき …… p18
　　実験 1 風の強さと車の動くきょり　実験 2 ゴムののばし方と車の動くきょり　コラム ルールの共有／データの処理
③ 光のせいしつ …… p20
　　実験 1 はね返した日光の進み方　実験 2 はね返した日光が当たったところ　実験 3 日光を集める
　　コラム 鏡を使うときの注意事項
④ じしゃくのせいしつ …… p24
　　実験 1 じしゃくにつくもの　実験 2 じしゃくの力　実験 3 きょくのせいしつ
　　実験 4 自由に動くようにしたじしゃく　実験 5 じしゃくになるもの　コラム いろいろな磁石と極
⑤ 電気の通り道 …… p28
　　実験 1 電気を通すもの・通さないもの　コラム 回路のつくり方

B．生命・地球
⑥ 植物の育ち方 …… p30
　　観察 1 めが出た後のようす　観察 2 植物の育つようす　観察 3 植物の育つじゅんじょ
　　コラム 虫眼鏡の使い方　コラム 暑い時期の観察の注意ポイント　コラム 観察カードのかき方
⑦ こん虫の育ち方 …… p34
　　観察 1 モンシロチョウの育ち方　観察 2 モンシロチョウの体のつくり　観察 3 バッタやトンボの体のつくり
　　コラム モンシロチョウの飼い方　コラム モンシロチョウの頭（目・口・触角）　コラム アゲハを育てる
　　コラム カイコガを育てる　コラム 昆虫以外の虫　コラム 昆虫のすみかとすがた
⑧ 身近なしぜんのかんさつ …… p40
　　観察 1 身近なしぜんのかんさつ　コラム 野外活動
⑨ 太陽と地面のようす …… p42
　　観察 1 かげの向きと太陽の動き　観察 2 日なたと日かげの地面のようす
　　コラム 遮光板の使い方　コラム 方位磁針の使い方　コラム 温度計の使い方

第3章　理科重要観察・実験の指導法　＜4年生＞

A．物質・エネルギー

①とじこめた空気や水 …………………………………………………………………………… p46
- 実験 1 とじこめた空気をおす　実験 2 とじこめた水をおす　コラム 閉じ込めた空気と水

②ものの温度と体積 ……………………………………………………………………………… p48
- 実験 1 温度による空気の体積の変化　実験 2 温度による水の体積の変化　実験 3 温度による金属の体積の変化
- コラム 空気の体積の変化を調べる　コラム 実験用ガスコンロ

③もののあたたまり方 …………………………………………………………………………… p52
- 実験 1 金ぞくのあたたまり方　実験 2 水のあたたまり方　実験 3 あたためられた水の動き方
- 実験 4 空気のあたたまり方【ビーカーを使う場合】　実験 5 空気のあたたまり方【電熱器を使う場合】　コラム 予想をさせよう

④水のすがた …………………………………………………………………………………… p58
- 実験 1 水を熱したときの変化　実験 2 水を熱したときのあわの正体　実験 3 水を冷やしたときの変化
- コラム 湯気と水蒸気は違う！

⑤電気のはたらき ……………………………………………………………………………… p62
- 実験 1 かん電池とモーターの回る向き　実験 2 かん電池の数とモーターの回る速さ
- 実験 3 かん電池の数やつなぎ方とモーターの回る速さ　実験 4 光電池とモーターの回る速さ　コラム 検流計の使い方

B．生命・地球

⑥人の体のつくりと運動 ……………………………………………………………………… p66
- 観察 1 体を曲げることができる部分　観察 2 うでが動くときのしくみ　コラム 骨の働き

⑦生き物の1年間 ……………………………………………………………………………… p68
- 観察 1 生き物の1年間のようす　観察 2 育てている植物の1年間のようす

⑧天気と1日の気温 …………………………………………………………………………… p70
- 観察 1 天気と1日の気温の変化　コラム 天気の決め方

⑨自然の中の水 ………………………………………………………………………………… p72
- 実験 1 水のじょう発　実験 2 空気中の水じょう気　コラム 日常で見られる蒸発と結露

⑩月と星 ………………………………………………………………………………………… p74
- 観察 1 月の動き　観察 2 星の明るさと色　観察 3 星の動き　観察 4 冬の星
- コラム 月と星の観察　コラム 星座早見の使い方　コラム 星の見え方と星座

第4章　ICTを活用した資料提示のコツ …………………………………………………… p80
1. 授業でのICT活用は資料の拡大提示から
2. 資料を拡大提示する際の3つのポイント
3. 資料の拡大提示の考え方

第5章　「理科教材」の活用法 ……………………………………………………………… p84
1. 学習ノートを指導に活かす
2. ワークテストを指導に活かす

監修者、編著者、執筆協力者　紹介 ……………………………………………………………… p88

第1章　3・4年生理科の指導のポイント

1．理科の学習で大切にしたいこと

（1）理科は楽しい

次の質問をします。

| チューリップには種ができますか？ |

「なぜこんな簡単な質問をするの？」と言い出す子どももいますが、手を挙げさせ、人数を板書します。そして、意見も板書していくと、教室の空気が一変します。

```
できる　　○人　　植物は種で増える、おしべとめしべがあるから、…
できない　○人　　チューリップは球根で増える、種でなく球根が売っている、…
```

最初は、「できる」という子どもが多いのですが、「球根」という言葉から考え直す子どもが出てきます。子どもたちはチューリップの球根を植えたことはあっても、種を植えたことはないのです。ただ、話し合いの中で「球根＝種」と言い出す子どもがいたら、教師の方から球根は種とは違い、根の一部であることを説明しておきます。

ここまでで授業を終わりにすると、家に帰って家族に聞いたり、図鑑で調べたりしだします。園芸店に聞きに行く子どもも出ます。もし、咲いているチューリップがあれば、どんどん観察させます。ポイントは次のことです。

①多くの気付きや疑問をもたせる
②どの子にも解決したいと思わせる
③気付きや疑問を集約し、観察・実験に向かわせる

調べると、「オランダでは良い球根を作るため、花が咲いたらすぐに花を切り取り、わざと種を作らせないようにしていること」を見つけてくる子どももいます。また、「色の違う花のおしべとめしべを交配し新種を作っており、種から育てると花を咲かすまで5年もかかってしまうこと」を見つけてくる子どももいます。
実際にチューリップのめしべを半分に切って観察すると、種のもと（胚珠）を観察できます。

この経験をしただけで、自然には不思議がいっぱいつまっていることや、予想して観察・実験することの面白さを実感します。理科の授業で、ワクワク・ドキドキしながら観察・実験すること、本当のことがわかることほど、子どもたちにとって楽しいことはありません。

だからこそ、観察・実験の重要性や指導のポイントなどをしっかり理解した上で、理科の授業を行ってほしいと思います。

（2）観察・実験の重要性

　学習指導要領の理科の目標には、「自然に親しみ、見通しをもって観察、実験などを行い、問題解決の能力と自然を愛する心情を育てるとともに、自然の事物・現象についての実感を伴った理解を図り、科学的な見方や考え方を養う。」と書かれており、理科の授業においては次の活動が求められています。（下線は著者）

```
「自然に親しみ」　　→　自然に対する関心意欲を高めたり、問題意識をもたせたりする活動
「見通しをもって」　→　予想や仮説をもち、それに基づいて観察・実験を計画する活動
「問題解決の能力」　→　観察・実験の結果をもとに、相互に話し合うことを通して結論として科学的な
　　　　　　　　　　　見方や考え方をもたせる活動
```

　このことから、理科では、「自然の事物・現象に親しむ中で問題を見いだし、予想や仮説を立て、観察・実験の計画や方法を考え、それをもとに観察・実験を行い、結果をもとに相互に話し合いながら考察する」という問題解決の学習を通して、科学的な見方や考え方をもたせることが大切だということがわかります。理科の授業にとって観察・実験を行うことは必要不可欠なのです。

　さらに、「観察・実験を行う」意義について、学習指導要領では次のように書かれています。

```
　理科の観察、実験などの活動は、児童が自ら目的、問題意識をもって意図的に自然の事物・現象に働きかけていく活動である。そこでは、児童は自らの予想や仮説に基づいて、観察、実験などの計画や方法を工夫して考えることになる。観察、実験などの計画や方法は、予想や仮説を自然の事物・現象で検討するための手続き・手段であり、理科における重要な検討の形式として考えることができる。
```

　「観察・実験」は、問題意識をもって自然の事物・現象に働きかけ、検討するための手段として重要な活動であることが指摘されています。まさに、観察・実験は、子どもたちの探究心を高めるものであり、事実や結果を元にきまりを実感し、理解を深めるための重要な活動なのです。そして、数多くの観察・実験を経験させることは、科学の方法（仮説の設定、予想、観察・実験、条件制御、測定、記録、数的処理、データの解釈・分類、推論、規則性の発見、モデルの形成など）を身に付けることができ、生きる力としての問題解決能力を高めることにつながるのです。

第1章　3・4年生理科の指導のポイント

2．中学年理科における観察・実験の概要

（1）3年理科の観察や実験

　3年生の理科の「A．物質・エネルギー」区分では、(1)物と重さ、(2)風やゴムの働き、(3)光の性質、(4)磁石の性質、(5)電気の通り道の5つの内容があります。それぞれの現象において、比較しながら観察や実験を行い、物の性質やその働きについての見方や考え方を身に付けさせるようになっています。

　「B．生命・地球」区分では、(1)昆虫と植物、(2)身近な自然の観察、(3)太陽と地面の様子の3つの内容があります。それぞれの自然事象や現象において、比較しながら観察や実験を行い、生物の成長のきまりや体のつくり、生物と環境とのかかわり、太陽と地面の様子との関係についての見方や考え方を身に付けさせるようになっています。

　3年生の観察・実験では、次の力を身に付けさせることが求められています。

比較しながら観察・実験を行う力

　以下のように比較しながら観察や実験を行い、性質や働きなどについて考えることができる能力を養います。

	観察・実験	比較すること
A(1)	物と重さ	形を変えたときと変えないときの重さ 同じ体積にしたときの重さ
A(2)	風やゴムの働き	風を当てたときと当てないときの動く様子 ゴムを引っぱったり、ねじったりしたときの動く様子
A(3)	光の性質	光を当てたときと当てないときの現象 光を集めたり重ね合わせたりしたときの明るさや暖かさ
A(4)	磁石の性質	磁石に付く物と付かない物 引き合ったり退け合ったりする力が働いている様子
A(5)	電気の通り道	豆電球が点灯するときと点灯しないとき 回路の一部にいろいろな物を入れたとき
B(1)	昆虫と植物	昆虫同士の成長過程と体のつくり 植物同士の成長過程と体のつくり
B(2)	身近な自然の観察	身の回りの生物の様子やその周辺の環境とのかかわり
B(3)	太陽と地面の様子	日陰の位置の変化 日なたと日陰の地面の様子 日陰の位置の変化と太陽の動き

　例えば、「昆虫と植物」では、ただ単に昆虫を観察させるだけではなく、チョウとバッタの両方を観察させ「どのような違いがあるのか？」を考えさせることで、共通していること（頭・胸・腹に分かれている、あしが6本ある等）や違っていること（変態の仕方、体の大きさ、色等）などの特徴をとらえるようにします。

（２）4年理科の観察や実験

　4年生の理科の「A．物質・エネルギー」区分では、⑴空気と水の性質、⑵金属、水、空気と温度、⑶電気の働きの3つの内容があります。それぞれの事象の変化とその要因を関係付けながら観察や実験を行い、物の性質やその働きについての見方や考え方を身に付けさせるようになっています。
　「B．生命・地球」区分では、⑴人の体のつくりと運動、⑵季節と生物、⑶天気の様子、⑷月と星の4つの内容があります。それぞれの自然現象の変化とその要因を関係付けながら観察や実験を行い、人の体のつくりと運動、動物の活動や植物の成長と環境とのかかわり、気象現象、月や星の動きについての見方や考え方を身に付けさせるようになっています。

　4年生の観察・実験では、次の力を身に付けさせることが求められています。

> 関係付けながら観察・実験を行う力

　以下のように、「何がどう変化したか（変化）」と「何を変えたら（要因）」を関係付けながら観察・実験を行い、結果をもとに考察することができる能力を養います。

	観察・実験	関係付けること
A⑴	空気と水の性質	閉じ込めた空気や水の体積の変化と加えた力 閉じ込めた空気や水の体積の変化と圧し返す力
A⑵	金属、水、空気と温度	金属、水、空気の体積の変化と温度変化 金属、水、空気の温まり方と熱せられた部分 水の状態変化と温度
A⑶	電気の働き	モーターの回る向きの変化と電流の流れる向き モーターの回り方や豆電球の明るさと乾電池の数やつなぎ方 モーターの回り方の変化と光電池に当てる光の強さ
B⑴	人の体のつくりと運動	運動と人や動物の体のつくり
B⑵	季節と生物	動物の活動の変化と季節の気温の変化 植物の成長の変化と季節の気温の変化
B⑶	天気の様子	気温の変化と天気 水蒸気や結露に姿を変える水の状態の変化と気温
B⑷	月と星	月や星の見える位置の変化と時間 見える星座と季節の変化

　例えば「電気の働き」では、乾電池を1個から2個にしたり、つなぎ方（直列つなぎ・並列つなぎ）を変えたりすることで、モーターの回る速さや豆電球の明るさがどのように変化するかを実験します。その結果をもとに変化と要因を関係付けて考えさせることで、電気の性質や働きをとらえるようにします。

第1章　3・4年生理科の指導のポイント

3．観察・実験で養われる力

（1）子どもは観察や実験が大好き。先生は？

　理科といえば観察・実験がすぐ思い浮かびます。平成27年度学力学習状況調査の結果では、「観察や実験を行うことが好きですか」という質問に対して「当てはまる」、「やや当てはまる」と答えた子どもの割合はなんと90％を超えていました。理科が好きな子どもの割合が高いのは、この「観察・実験」があるからではないでしょうか。

　一方で、先生の立場に立つとどうでしょう。「平成22年度小学校理科教育実態調査」（平成23年8月JST理科教育支援センター）によると、「理科が大好き・好き」と答えた先生は87％。先生も理科が大好きなようです。でも、指導となると話が違ってきます。理科の指導を苦手と感じる先生の割合は40％以上、その上、観察・実験の指導となると苦手と感じる先生の割合は57％と増えてしまいます。

　その理由は何でしょうか。観察・実験は準備や後片付けが大変で時間がかかり、授業が進まない、観察や実験をきちんとしたつもりでも、テストになると正答できないなどと感じている先生の声も多く聞きます。

（2）観察・実験の重要性

　観察・実験が理科の指導でとても大切なのは、だれもがわかっていることです。理科の学習では、問題解決学習を中心に進められます。子どもたちが問題を見いだし、その問題解決の過程を通して「事象を比較したり（3年）」「関係付けたり（4年）」「条件に着目したり（5年）」「推論したり（6年）」して追究していきます。そして科学的な見方や考え方が深まるように観察・実験の結果を表やグラフに整理し、予想や仮説と関連付けながら表現することが大切とされています。

　観察・実験はこの問題解決活動の中核に位置しています。観察・実験とは、自然に対して、子どもたちが意図的に、目的をもって働きかけ、問題の解決につなげる活動なのです。

　子どもたちは自然の事象にであって、「どうしてだろう、不思議だな、なぜだろう」といった問題を見いだします。そして、それを解決するために、今までの生活経験や学習したことを元に「見通し」をもちます。

　それを解決していく活動が観察・実験なのです。見通しをもって行った観察・実験が自分の予想や仮説通りだったら、自分の考えを確認したことになるし、一方で違っていた場合には、もう一度予想や仮説を振り返ったり実験方法を見直したりすることにつながります。この繰り返しによって科学的な見方や考え方が養われていきます。

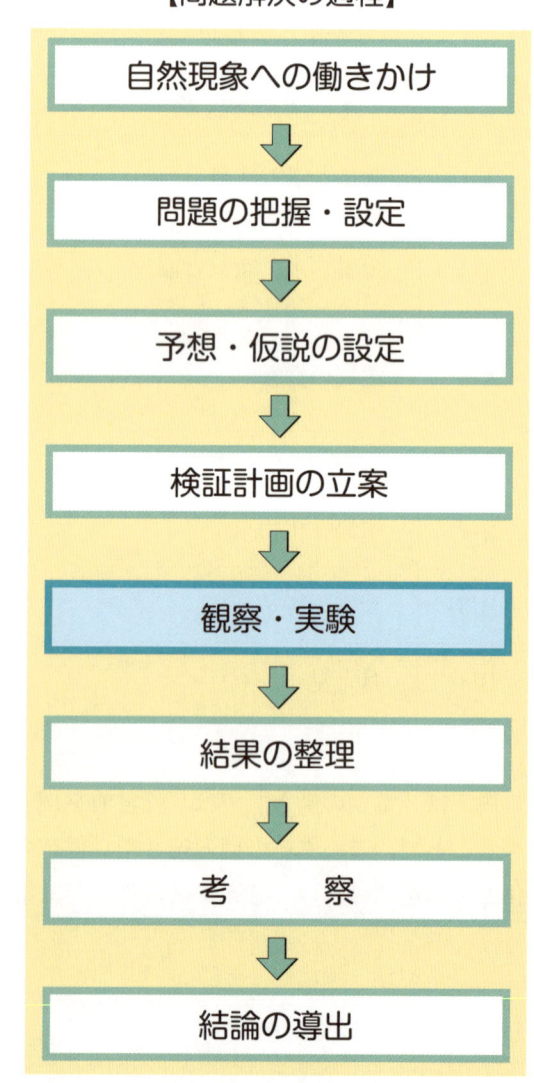

4．観察・実験をさせるときのポイント

（1）見通しをもたせる

　3・4年生の子どもたちは特に観察・実験が大好きで、とても意欲的に取り組みます。でも活動に夢中になるあまり、何を観察するのか、何を調べるための実験なのか、などの目的を見失ってしまう場面も多く見られます。観察・実験をする前に、目的を意識させ、それに対して自分なりの予想を立てることにより、活動について見通しをもたせることができます。この一連の流れは難しく感じがちですが、いちばん確実なのは教科書の通りに進めていくことです。教科書では、問題解決学習の過程に沿って活動が配列されており、教科書通り丁寧に進めていけば、児童が観察・実験に見通しをもって取り組むことができるよう工夫されています。また、市販の理科ノートを活用すれば、書き込んでいくだけで落ちなく進めることができるので、理科の指導に苦手意識をもっている先生には大きな助けになります。

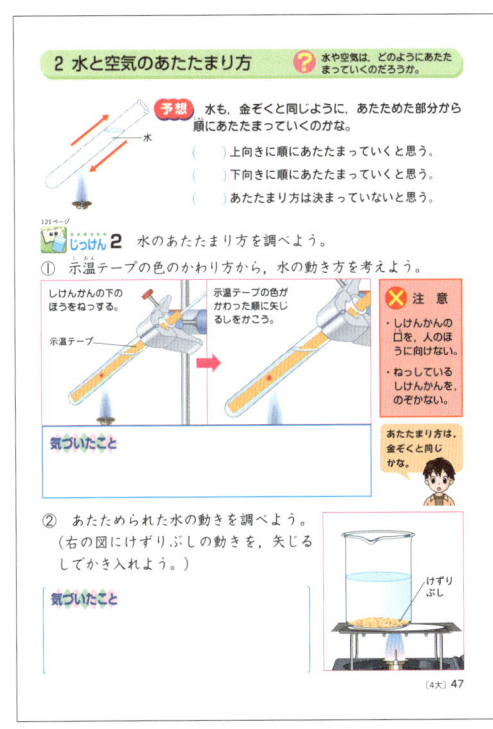

順に書き込んでいくだけで進められる
（「理科学習ノート」4年　教育同人社）

（2）生活科とのつながりを意識する

　生活科の目標の1つに、「自分と身近な動物や植物などの自然とのかかわりに関心をもち、自然のすばらしさに気付き、自然を大切にしたり、自分たちの遊びや生活を工夫したりすることができるようにする。」とあります。これは理科の「自然に親しみ、見通しをもって観察、実験などを行い、問題解決の能力と自然を愛する心情を育てるとともに、自然の事物・現象についての実感を伴った理解を図り、科学的な見方や考え方を養う。」という目標に直接つながる内容です。このことから、生活科で培った力は理科の学習の基礎となることがわかります。生活科では特に体験を重視し、十分な時間をとって対象とかかわらせる活動を行ってきました。理科でももちろん直接体験は重視されていますが、活動がグループの形態をとることが増えてきます。そのような中でも、個々が対象に十分かかわれるような場面をできるだけ取り入れていきましょう。特に植物の栽培やアオムシなどの昆虫を飼育する活動については、できるだけ一人一人で栽培・飼育できるような場を用意してあげると、子どもたちが直接生き物と主体的にかかわる機会が増え、観察の意欲が持続します。

（3）安全への配慮について特に留意する

　3・4年生ぐらいの子どもたちは好奇心が強く、興味を引くものがあると周囲の状況が目に入らないほど夢中になることがよくあります。特に屋外に観察に出かける際には、事前に丁寧に下見をして、子どもたちのあらゆる行動を予測した上での安全対策や注意喚起が必要です。また、実験器具を使わせる際には、事前の点検を丁寧に行いましょう。鏡や温度計などガラス素材のものは、扱い方を注意するだけでなく、カバーが外れやすいところはないか、なども見ておく必要があります。虫眼鏡で光を集めて煙を出す実験が面白くて、子どもだけで同じようなことを行ったり、豆電球をより明るく光らせたくて導線をコンセントに差し込もうとしたり…など好奇心が勝るあまり、予想もつかないような行動に出ることも考えておかなければなりません。

第1章 3・4年生理科の指導のポイント

5．効率よく効果的に観察・実験を行うには

（1）授業準備は学年で協力して

　3・4年生の理科の指導は、専科ではなく担任が行っている割合が高いようです。専科の先生と違い、十分に準備の時間がとれないのが実情ではないでしょうか。効率よく準備するには、学年の先生方で協力することが必要です。授業前にあらかじめ試しの実験を行っておくことを予備実験と言いますが、効率よく効果的に観察・実験をするにはこの予備実験が欠かせません。学年の先生方で一緒に予備実験を行っておくと、気付いたことを話し合いながら進めることができ、安全面でのチェックはもちろん、実験のコツなどをつかむことができます。また、実験で使う器具の数や状態も確認できます。時間表も同学年の学級が連続するように組んでおくと、始めのクラスが準備、最後のクラスが片付けと分担できます。

（2）やり方をわかりやすく説明する

　観察や実験を行わせるときには、まずそのやり方を子どもたちに説明します。これがうまくいかないと、実際の作業に入ってから「先生、この後どうするんですか？」「先生、これでいいんですか？」など子どもたちからの質問の嵐。慌てて説明をし直すことになりかねません。すでに活動に入っていると、なかなか指示は通りませんし、手を止めさせて再度説明をするという事態になると時間も無駄になります。

　そんなことにならないために、始めの「説明」は大事です。実物投影機を使って作業をしている手元を大きく映して見せたり、掲示物を使って子どもたちがいつでも確認できるようにしたりしておきましょう。

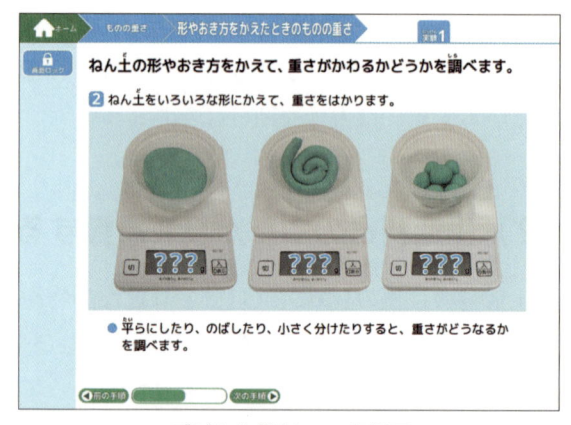

デジタル教材で一斉提示
（チエル「小学校の見せて教える理科 観察・実験3年生」）

　また、実験時には教科書をしまっておくことがほとんどなので、子どもたちが手順を確認しにくいものです。教科書を拡大して映したり、手順の示されたデジタルコンテンツなどをプロジェクタで投影しておくのもよい方法です。

（3）キットを使うときは内容や使い方をよく吟味する

　単元によっては、実験キットが販売されているものがあります。実験キットを使うと、子ども一人一人に実験道具が準備できて個別の活動が充実するとともに、教師にとっても教材などの準備の手間が減るというよさがあります。特にものづくりまで組み込まれているキットでは、子どもたちが大変意欲をもって取り組むことができるでしょう。でも、注意しないとキットを完成させることに気持ちがいき、説明書の通り組み立てる活動が中心になってしまうことがあります。

　実験は、自分の考えを確かめることが目的ですから、必要最低限のシンプルな構成で行うことが大切です。教科書で提示された実験を見ればそれがよくわかります。また、ものづくりは、学習内容と日常生活や社会との関連を図り、実感を伴った理解を促す上でとても有効な活動です。その2点を踏まえた上で、実験キットを活用しましょう。

（4）実験道具はひとまとめにしておく

　子どもたち自身で実験に必要な道具を用意することは大切ですが、3・4年生にとってはとても時間がかかる作業です。慣れるまでは、実験に必要な道具は教師が事前に用意しておく必要があるでしょう。グループのメンバーに番号を割り振っておき、1番の子どもはビーカー、2番の子どもは温度計…といったように分担して取りに来させるのも工夫の一つです。さらに時間を節約するためには、グループごとにかごを用意しておいて、必要な道具をひとまとめにしてあらかじめ入れておく方法もあります。これならば、一人が取りに来ればよいので子ども同士が接触することも少なくなります。また、実験の最後に器具をきちんと返却できているか確かめることも容易です。教師の準備の手間は多少増えますが、その分授業がスムーズに進みます。

（5）年間を見通して準備する

　3・4年生では、春に種をまき年間を通して観察する栽培活動があります。栽培活動は、観察や水やりのしやすさなどを考え、直植えの方がよいか、鉢で栽培した方がよいかなどを校内事情と合わせて考えていかなければなりません。また、校内園の栽培計画に基づいた他学年との調整や、連作を避けるなどの配慮も必要になります。種まきの時期が遅れないよう、前年度の様子を調べ、早めに準備することも必要です。

　また、モンシロチョウのたまごを採集するためのキャベツを植える、昆虫のすみかになる草むらは除草などしないよう場所を確保しておくなど、学習の場作りのための準備にもあらかじめ気を配っておきましょう。

【記録の仕方を身に付けさせる】

　3・4年生では植物や昆虫などを継続して観察し、記録する活動が多くあります。記録の際には日時や天気、気温などを忘れずに記入すること、「何を」観察しているのかその対象をはっきりさせることなどを身に付けさせる必要があります。観察したことを振り返る学習もあるので、ポイントとなる時期で観察させて記録を残すことも忘れてはなりません。また、実験の結果を記録するのも子どもたちにとっては初めての経験で、時間がかかります。そんなときにおすすめなのが「理科ノート教材」です。理科ノートに沿って記録していけば、観察をし忘れることもありません。記録するための表をノートに写させる手間も省けます。写真や図版などもあり、教科書の補助的な役目もしてくれます。

観察し忘れを防ぐ
（「理科学習ノート」3年　教育同人社）

【道具の使い方の練習をさせる】

　新しい実験道具を使うときには必ず練習をさせます。特に、屋外で使う道具については、室内で十分練習してから屋外で使うようにします。特に、虫眼鏡の使い方、温度計の目盛りの読み方、星座早見の使い方などは教室である程度使い方を習得させる必要があります。その他、マッチやアルコールランプ、ガスコンロなども時間をとって練習させる必要がある道具です。実験を手際よく安全に行うために、必ず練習の時間を確保しましょう。

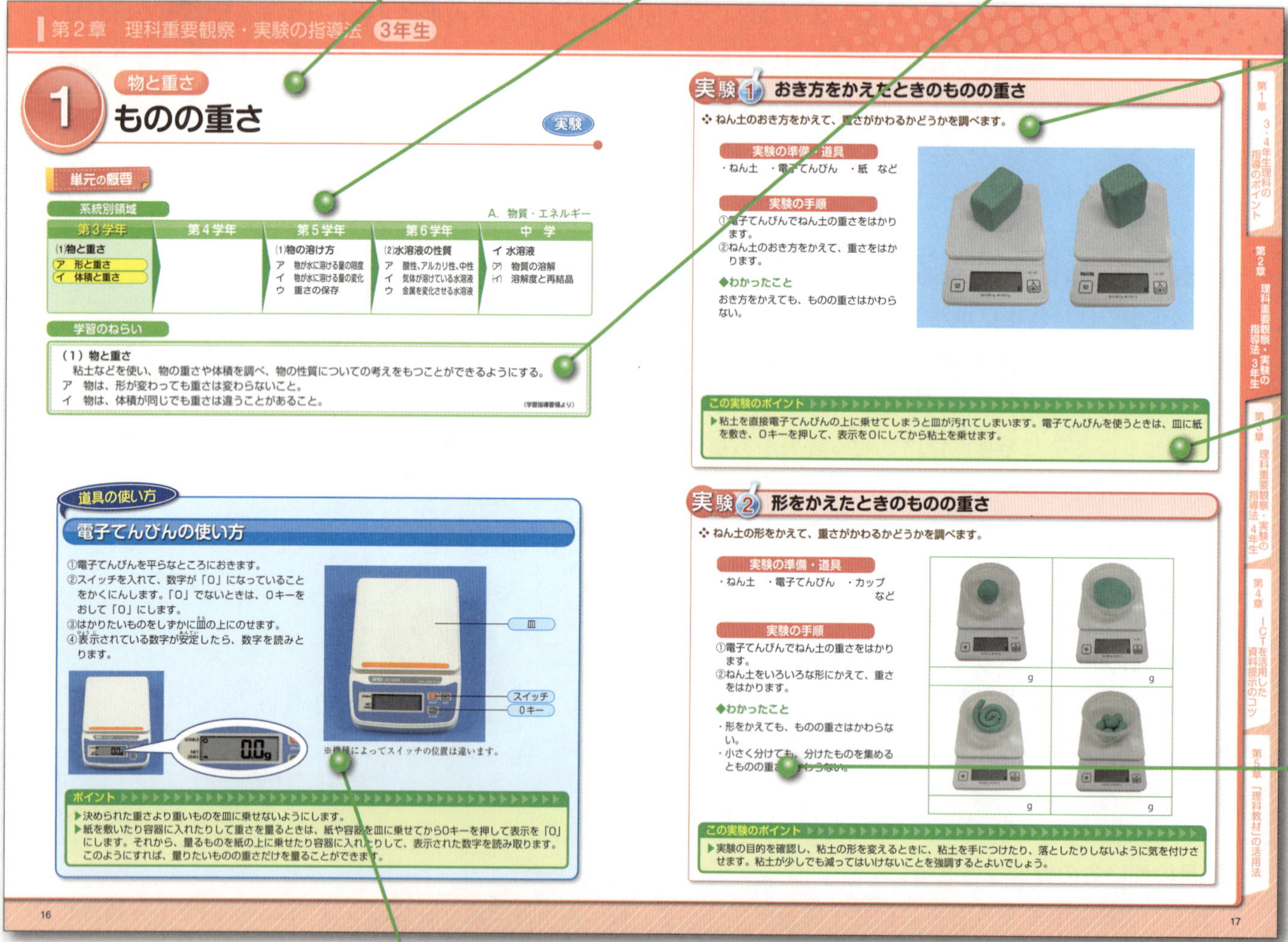

第2章　理科重要観察・実験の指導法 50選〈資料の見方〉

　第2章・第3章では、理科の達人たちが推薦した50の観察・実験について、「これだけはおさえてほしい」ポイントを1つ1つの項目についてコンパクトにご紹介しています。

　ここで選ばれた観察・実験は、チエル株式会社発行の提示型デジタル教材「小学校の見せて教える理科観察・実験3年生」「同4年生」※にも収録されています。このデジタル教材を活用することにより、教室の大型テレビやプロジェクタ、電子黒板等で観察・実験の準備や手順、記録の仕方などを提示しながら、児童に観察・実験のポイントを指導することができます。デジタル教材によって部分提示して発問することで、どの部分に注目すればよいのかが児童にわかりやすくなり、観察・実験のねらいや意図についての理解が深まります。

資料の見方

▶単元名

▶学習系統表
小学校から中学校までの学習内容の系統の流れがわかります。

▶学習のねらい
学習指導要領のねらいがわかり、評価に役立ちます。

▶コラム
観察・実験に重要な道具の使い方や、観察・実験に役立つ成功のコツや知識をまとめています。

※提示型デジタル教材「小学校の見せて教える理科 観察・実験」とは

小学校の理科の観察・実験の場面で活用できる一斉提示型デジタル教材です。実験における準備段階の注意事項や測定値を書き込み、結果を分析・比較できるので、実験前、途中、実験後まで使え、観察・実験の時間を十分に取ることができます。

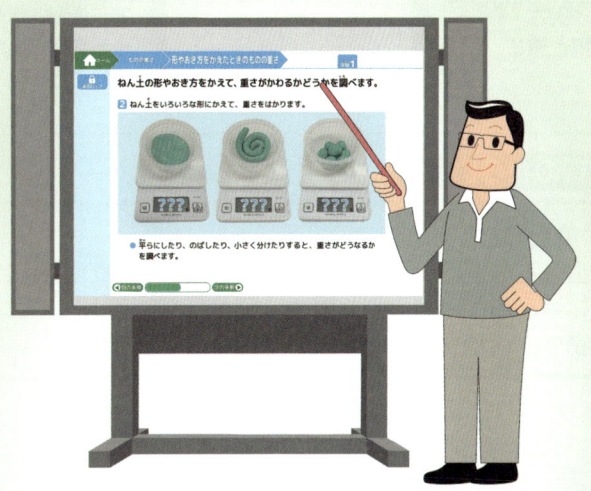

▶観察・実験の内容
この観察・実験でおさえるべき内容がわかります。

▶観察・実験のポイント
この観察・実験で、ここだけはおさえてほしい、児童に伝えるといい、というポイントがわかります。

▶観察・実験の準備・手順・結果・わかったこと
観察・実験の準備から手順、結果・まとめまでの概要と流れがわかります。

観察・実験の手順を大きく拡大

実験器具の名称・使い方・注意点

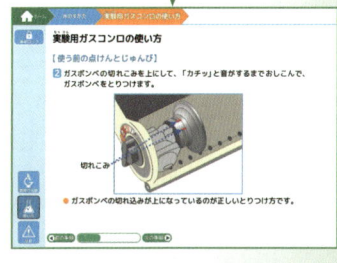

結果をまとめて考察につなげる

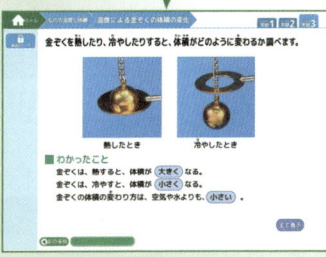

単元別メニュー

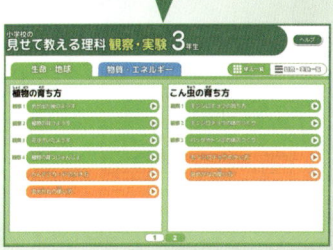

発行：チエル株式会社　http://www.chieru.co.jp/

15

第2章 理科重要観察・実験の指導法 3年生

1 物と重さ
ものの重さ

実験

単元の概要

系統別領域

A. 物質・エネルギー

第3学年	第4学年	第5学年	第6学年	中　学
(1)物と重さ ア　形と重さ イ　体積と重さ		(1)物の溶け方 ア　物が水に溶ける量の限度 イ　物が水に溶ける量の変化 ウ　重さの保存	(2)水溶液の性質 ア　酸性、アルカリ性、中性 イ　気体が溶けている水溶液 ウ　金属を変化させる水溶液	イ　水溶液 (ア)　物質の溶解 (イ)　溶解度と再結晶

学習のねらい

（1）物と重さ
　粘土などを使い、物の重さや体積を調べ、物の性質についての考えをもつことができるようにする。
ア　物は、形が変わっても重さは変わらないこと。
イ　物は、体積が同じでも重さは違うことがあること。

（学習指導要領より）

道具の使い方

電子てんびんの使い方

①電子てんびんを平らなところにおきます。
②スイッチを入れて、数字が「0」になっていることをかくにんします。「0」でないときは、0キーをおして「0」にします。
③はかりたいものをしずかに皿の上にのせます。
④表示されている数字が安定したら、数字を読みとります。

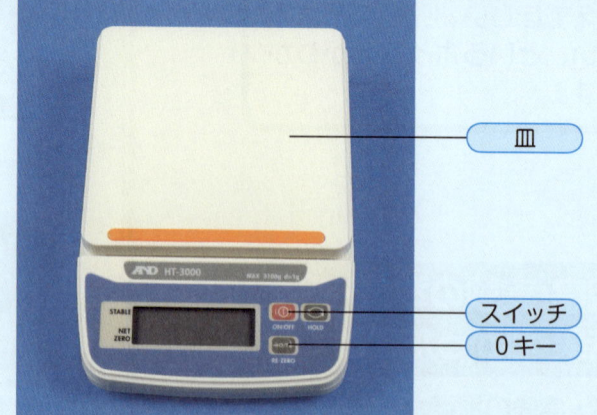

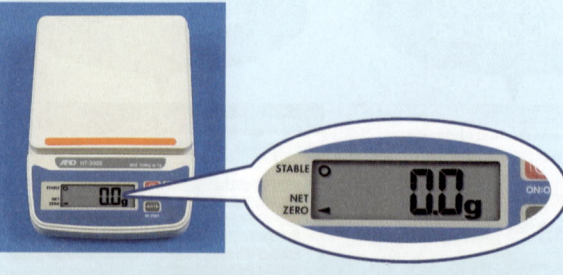

※機種によってスイッチの位置は違います。

ポイント ▶▶▶▶▶▶▶▶▶▶▶▶▶▶▶▶▶▶▶▶▶▶▶▶▶▶▶▶▶▶▶▶▶

▶決められた重さより重いものを皿に乗せないようにします。
▶紙を敷いたり容器に入れたりして重さを量るときは、紙や容器を皿に乗せてから0キーを押して表示を「0」にします。それから、量るものを紙の上に乗せたり容器に入れたりして、表示された数字を読み取ります。このようにすれば、量りたいものの重さだけを量ることができます。

16

実験 1 おき方をかえたときのものの重さ

❖ ねん土のおき方をかえて、重さがかわるかどうかを調べます。

実験の準備・道具
・ねん土　・電子てんびん　・紙　など

実験の手順
①電子てんびんでねん土の重さをはかります。
②ねん土のおき方をかえて、重さをはかります。

◆わかったこと
おき方をかえても、ものの重さはかわらない。

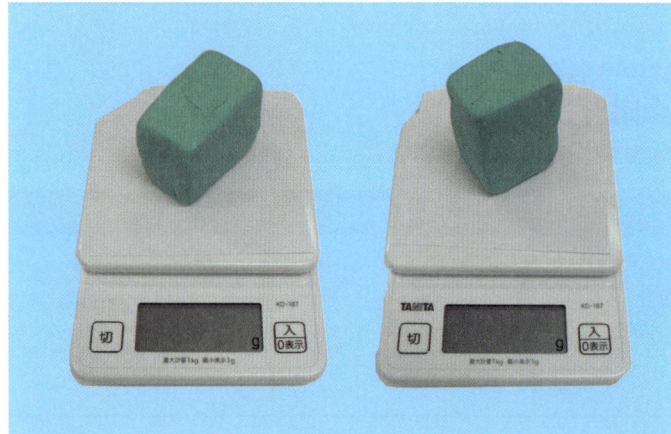

この実験のポイント ▶▶▶▶▶▶▶▶▶▶▶▶▶▶▶▶▶▶▶▶▶▶▶▶▶▶▶▶
▶粘土を直接電子てんびんの上に乗せてしまうと皿が汚れてしまいます。電子てんびんを使うときは、皿に紙を敷き、0キーを押して、表示を0にしてから粘土を乗せます。

実験 2 形をかえたときのものの重さ

❖ ねん土の形をかえて、重さがかわるかどうかを調べます。

実験の準備・道具
・ねん土　・電子てんびん　・カップ　など

実験の手順
①電子てんびんでねん土の重さをはかります。
②ねん土をいろいろな形にかえて、重さをはかります。

◆わかったこと
・形をかえても、ものの重さはかわらない。
・小さく分けても、分けたものを集めるとものの重さはかわらない。

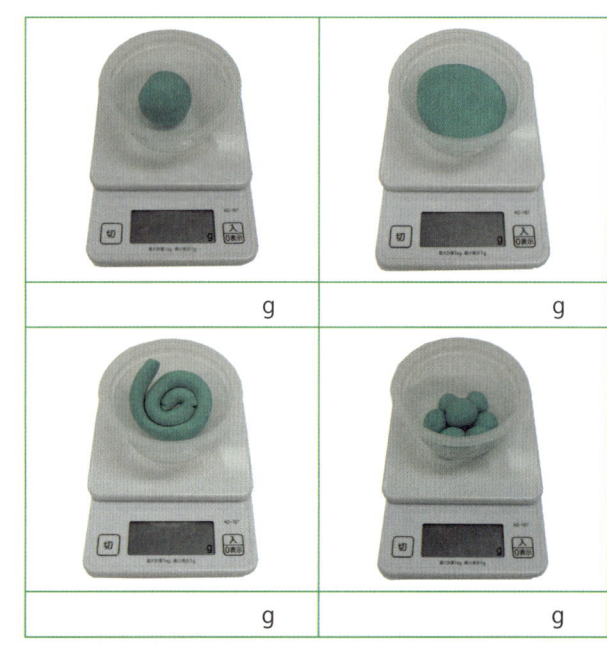

この実験のポイント ▶▶▶▶▶▶▶▶▶▶▶▶▶▶▶▶▶▶▶▶▶▶▶▶▶▶▶▶
▶実験の目的を確認し、粘土の形を変えるときに、粘土を手につけたり、落としたりしないように気を付けさせます。粘土が少しでも減ってはいけないことを強調するとよいでしょう。

第2章 理科重要観察・実験の指導法 　3年生

2　風やゴムの働き
風やゴムのはたらき

実験

単元の概要

系統別領域　　　　　　　　　　　　　　　　　　　　　　　　　A．物質・エネルギー

第3学年	第4学年	第5学年	第6学年	中　学
(2)風やゴムの働き ア　風の働き イ　ゴムの働き		(2)振り子の運動 ア　振り子の運動	(3)てこの規則性 ア　てこのつり合いと重さ イ　てこのつり合いの規則性 ウ　てこの利用	イ　力と圧力 (ｱ)　力の働き (ｲ)　圧力

学習のねらい

（2）風やゴムの働き
　風やゴムで物が動く様子を調べ、風やゴムの働きについての考えをもつことができるようにする。
ア　風の力は、物を動かすことができること。
イ　ゴムの力は、物を動かすことができること。

（学習指導要領より）

実験1　風の強さと車の動くきょり

❖ 車に当てる風の強さによって、車の動き方がどのようにかわるのかを調べます。

実験の準備・道具
・風のはたらきで動く車　・送風き
・記ろくカード　・まきじゃく　など

実験の手順
①送風きのいちと車をスタートさせるいちにしるしをつけます。
②車をスタートさせるいちにおいて、送風きで弱い風をあて、車が動くきょりを調べます。
③車をスタートさせるいちにもどして、送風きで強い風をあて、車が動くきょりを調べます。

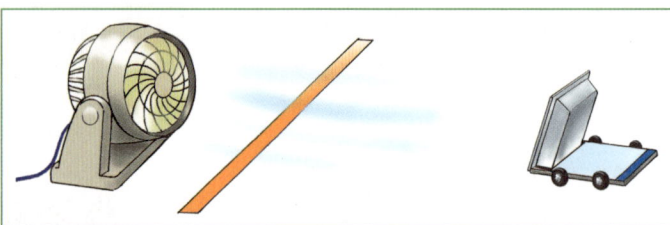

実験の結果　　（板書例）

風の強さ	1ぱん	2はん	3ぱん	4はん	5はん	6ぱん
弱い風						
強い風						

◆わかったこと
・風にはものを動かすはたらきがあり、風の強さによって、ものの動き方がかわる。
・風が強いほうが、ものを動かすはたらきが大きい。

この実験のポイント
▶送風機のスイッチを入れた直後は、風が安定していません。送風機の前に板などを当ててからスイッチを入れ、スタートの合図で板を外して車を走らせるとよいでしょう。帆が大きすぎる車では、弱い風と強い風で結果に差があまり出ないことがあります。

実験 2　ゴムののばし方と車の動くきょり

❖ ゴムののばし方によって、車の動き方がどのようにかわるのかを調べます。

実験の準備・道具
・ゴムのはたらきで動く車　・わゴム
・記ろくカード　・まきじゃく　など

実験の手順
①車をスタートさせるいちにしるしをつけます。
②車をスタートさせるいちにおいて、ゴムを5cmのばしたときに車が動くきょりを調べます。
③車をスタートさせるいちにもどして、ゴムを10cmのばしたときに車が動くきょりを調べます。

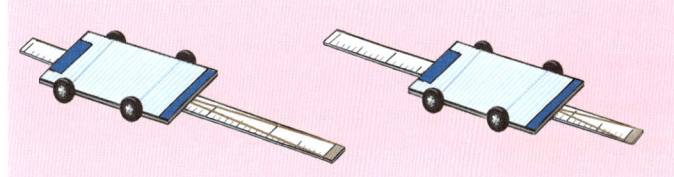

実験の結果　（板書例）

ゴムののび	1ぱん	2はん	3ぱん	4はん	5はん	6ぱん
5cm						
10cm						

◆わかったこと
・のばしたゴムにはものを動かすはたらきがあり、ゴムののばし方によって、ものの動き方がかわる。
・ゴムを長くのばすほうが、ものを動かすはたらきが大きい。

この実験のポイント ▶▶▶▶▶▶▶▶▶▶▶▶▶▶▶▶▶▶▶▶▶▶▶▶▶▶▶▶▶▶▶▶▶▶▶
▶車をまっすぐ前に走らせるには、ゴムの伸ばし方、車の支え方、手の放し方などに注意が必要です。やり方をしっかり体得できるよう、車を作った後に車を走らせる練習の時間を十分に確保しましょう。（ゴムはまっすぐに伸ばす。車は横や角ではなく、手前の中央を持って支える。車を押し出さずに、手をそっと放す。など）

成功のコツ

ルールの共有

▶風の当て方やゴムの伸ばし方、車をスタートさせる位置、車が動いた距離の測り方などをクラスで共有させます。
▶車を追いかけるのに夢中で、隣の班の車の進路に入ってしまうことがあるので、あらかじめ注意させます。
▶測定係、記録係、スタート係などの役割をローテーションする場合は、その都度全ての係がそろっているかを確認してから実験します。動いた距離を測っても、記録するのを忘れることがあります。
▶児童の個々の車で動く距離を調べる場合、1人が何度もやり直しをすると、班の全員が時間内に車を走らせることができなくなります。車を動かす際は慎重に取り組ませます。

データの処理

▶児童の各自の記録をそのまま使う場合は、模造紙にグラフの線をかいておき、色のシールを貼らせたり、自分の名前や出席番号を記入させたりして記録させるとよいでしょう。
▶記録にばらつきがあることや、自分の記録と違うことを気にする児童もいますが、おおまかな傾向として結果を比較するよう助言します。

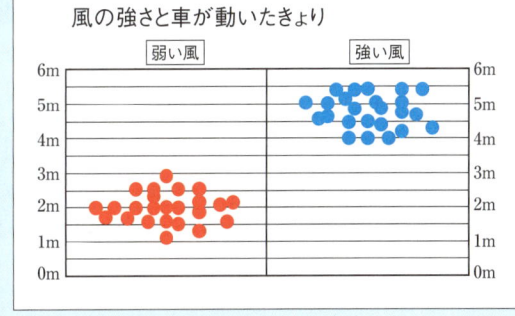

第2章 理科重要観察・実験の指導法 3年生

3 光の性質
光のせいしつ

 実験

単元の概要

系統別領域　　　　　　　　　　　　　　　　　　　　　　　　　　　A. 物質・エネルギー

第3学年	第4学年	第5学年	第6学年	中　学
(3)光の性質 ア　光の反射・集光 イ　光の当て方と明るさや暖かさ				ア 光と音 (ア) 光の反射・屈折 (イ) 凸レンズの働き (ウ) 音の性質

学習のねらい

（3）光の性質
　鏡などを使い、光の進み方や物に光が当たったときの明るさや暖かさを調べ、光の性質についての考えをもつことができるようにする。
ア　日光は集めたり反射させたりできること。
イ　物に日光を当てると、物の明るさや暖かさが変わること。

（学習指導要領より）

道具の使い方

鏡を使うときの注意事項

光が当たったところ
はね返した光

▶鏡ではね返した日光を絶対に人の顔や窓に当てないようにさせます。
▶鏡は割れやすいことを話し、落としたりぶつけたりしないように注意させます。実験時に鏡を割ってしまったら、直接手で触らないようにあらかじめ児童に話しておきます。
▶実験に使う鏡は、傾きを変えて置くことができるスタンドがついているものが扱いやすいです。

実験 1　はね返した日光の進み方

❖ かがみではね返した日光の進み方を調べます。

実験の準備・道具
・かがみ

実験の手順

①かがみではね返した日光が地面にうつるようにして、日光がどのように進むかを調べます。

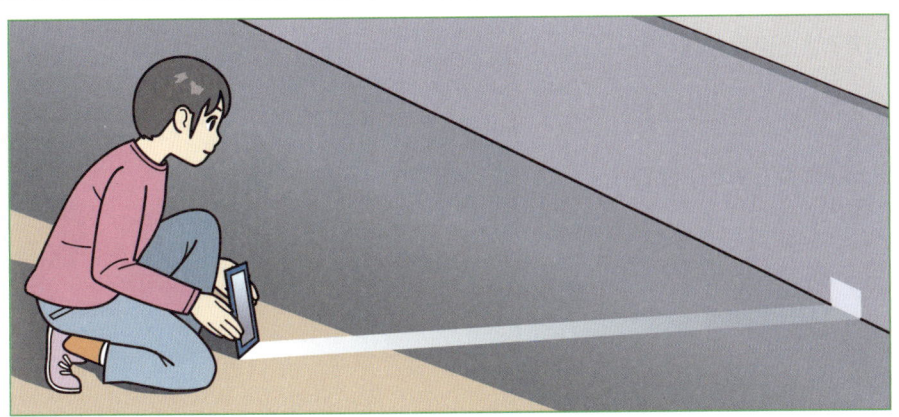

②はね返した日光をべつのかがみでつなぎ、その光がどのように進むかを調べます。

◆わかったこと
・かがみではね返した日光は、まっすぐに進む。
・はね返した日光をさらにはね返したときも、日光はまっすぐに進む。

この実験のポイント

▶ 的に日光を当てる活動を通して、日光は直進することを確認させます。
▶ 難しい的を用意して、3人で協力してジグザグに日光を進めて的に当てる体験もさせるとよいでしょう。

第2章　理科重要観察・実験の指導法　3年生

実験2　はね返した日光が当たったところ

❖ はね返した日光を当てたところの明るさやあたたかさを調べます。

実験の準備・道具
・かがみ　・だんボールの板　・温度計
・ストップウォッチ　など

実験の手順
① 日光を当てる前のまとの明るさと温度を調べます。
② 1まいのかがみで日光をはね返してまとに当てて、明るさと温度を調べます。
③ かがみの数をふやして日光を重ねてまとに当てて、明るさと温度を調べます。

実験の結果　（板書例）

かがみの数	明るさ	温度
なし	暗い。	℃
1　まい	明るい。	℃
2　まい	1まいのときより明るい。	℃
まい		℃

◆わかったこと
・かがみではね返した日光を当てたところは、明るく、あたたかい。
・はね返した日光を重ねるほど、日光が当たったところはより明るく、あたたかくなる。

この実験のポイント ▶▶▶▶▶▶▶▶▶▶▶▶▶▶▶▶▶▶▶▶▶▶

▶ 鏡1枚のときと複数のときとで、的に日光を当てている時間をそろえます。（3分間など）
▶ 温度計で温度を測る前に、はね返した日光の暖かさを手で体感させるとよいでしょう。
▶ 的に入れた温度計の液だめがあるところに印をつけておくと、光を集める位置がわかりやすくなります。
▶ 的から離れすぎると日光を当てにくくなります。的から2～4m程度のところに鏡を置きます。

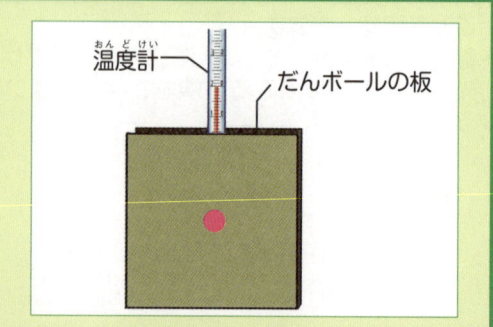

実験 3 日光を集める

❖ 虫めがねを使って、日光を集めたときのようすを調べます。

実験の準備・道具
・虫めがね　・黒い紙　など

実験の手順
①虫めがねで日光を集めて、黒い紙に当てます。

②日光を当てる部分の大きさをかえて、黒い紙に当てて、明るさや紙がどうなるか調べます。

実験の結果　（板書例）

	㋐日光を集めた。	㋑少し小さく集めた。	㋒もっと小さく集めた。
明るさ	日光を集めていないところより明るい。	㋐より明るい。	㋑より明るい。
黒い紙のようす	かわらない。	かわらない。	黒い紙がこげて、けむりが出てきた。

◆わかったこと
・虫めがねで日光を集めることができる。
・日光を小さく集めるほど、明るく、あつくなる。

この実験のポイント
▶実験する前に、虫眼鏡で太陽を見てはいけないことを必ず指導します。
▶児童がとても興味をもつ実験ですが、一歩間違うとぼややけがにつながります。休み時間などに児童だけで行うことのないよう、虫眼鏡の管理をきちんとしましょう。
▶虫眼鏡で日光を集めた部分に絶対に手などを入れないように注意させます。
▶日光を集めた部分から煙が出てきたら実験をやめます。それ以上日光を当て続けると、紙に火がついて危険です。

第2章 理科重要観察・実験の指導法 3年生

4 磁石の性質
じしゃくのせいしつ

単元の概要

系統別領域　　　　　　　　　　　　　　　　　　　　　　　A．物質・エネルギー

第3学年	第4学年	第5学年	第6学年	中　学
(4)磁石の性質 ア　磁石に引きつけられる物 イ　異極と同極		(3)電流の働き ア　鉄心の磁化、極の変化 イ　電磁石の強さ		イ　電流と磁界 ㋐　電流がつくる磁界 ㋑　磁界中の電流が受ける力 ㋒　電磁誘導と発電

学習のねらい

（4）磁石の性質
　磁石に付く物や磁石の働きを調べ、磁石の性質についての考えをもつことができるようにする。
ア　物には、磁石に引き付けられる物と引き付けられない物があること。また、磁石に引き付けられる物には、磁石に付けると磁石になる物があること。
イ　磁石の異極は引き合い、同極は退け合うこと。

（学習指導要領より）

実験1　じしゃくにつくもの

❖ じしゃくにつくものとつかないものを調べます。

実験の準備・道具
・じしゃく　・調べるもの
・記ろくカード　など

実験の手順
①いろいろなものをじしゃくに近づけて、じしゃくにつくかどうかを調べます。

◆**わかったこと**
・じしゃくは、鉄でできたものを引きつける。
・紙、木、ガラス、プラスチックなどは、じしゃくにつかない。

この実験のポイント ▶▶▶▶▶▶▶▶▶▶▶▶▶▶▶▶▶▶▶▶▶▶▶▶▶▶▶▶▶▶▶▶▶▶▶
▶調べるものが磁石に付くかどうかを、あらかじめ予想させてから実験させます。見通しをもって実験に取り組ませることができます。
▶ガラスは割れやすいので注意させます。また、磁石に近付けてはいけないもの（磁気カード、パソコンなど）があることも伝えます。

24

実験 2 じしゃくの力

❖ じしゃくは、鉄とはなれていても、鉄を引きつけるのかを調べます。

実験の準備・道具
・じしゃく　・鉄のゼムクリップ　・鉄のクリップ
・プラスチックの下じき　・糸　・セロハンテープ　など

実験の手順
①鉄のゼムクリップに糸をつけて、糸の先をつくえにはります。
②ゼムクリップとじしゃくの間があいていても、じしゃくはゼムクリップを引きつけるか調べます。
③下じきの上に鉄のクリップをのせて、下からじしゃくを当てると、鉄のクリップが引きつけられるかを調べます。

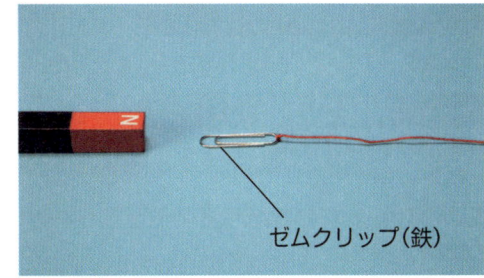
ゼムクリップ(鉄)

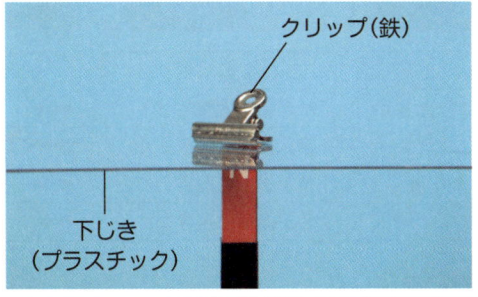
クリップ(鉄)
下じき(プラスチック)

◆わかったこと
じしゃくは、鉄とはなれていても、鉄を引きつける。

この実験のポイント
▶磁石と鉄の間にはさむものが厚すぎたり、鉄が大きすぎたりすると、磁石は鉄を動かすことができません。
▶金属が電気を通さないものでおおわれていたり、導線の先が金属から離れたりしていると、回路が途切れて電流が流れません。電気の学習の後に磁石の学習をする場合は、電気のときと比較して考えさせるとよいでしょう。

資料

いろいろな磁石と極

ゴム磁石
ゴム磁石ははさみで切れるので、1本のゴム磁石を2つに分けると極はどうなるのかや、鉄を引き付ける働きはどうなるのかなどを予想して調べさせてもよいでしょう。

フェライト磁石
フェライト磁石には、極が上下で分かれているものや、左右で分かれているものなどがあります。見た目は似ていても着磁の方向が違うことがあるので、児童にものづくりなどで使用させる場合は確認しておきましょう。

第2章 理科重要観察・実験の指導法 3年生

実験 3 きょくのせいしつ

❖ 2つのじしゃくのきょくどうしを近づけると、どうなるか調べます。

実験の準備・道具
・じしゃく

実験の手順
① 2つのじしゃくの同じきょくどうしを近づけて、手ごたえを調べます。
② 2つのじしゃくのちがうきょくどうしを近づけて、手ごたえを調べます。

実験の結果 （板書例）

近づけたようす		けっか
同じきょく どうし	NきょくとNきょく	←→ しりぞけ合う。
	SきょくとSきょく	←→ しりぞけ合う。
ちがうきょく どうし	NきょくとSきょく	→← 引き合う。
	SきょくとNきょく	→← 引き合う。

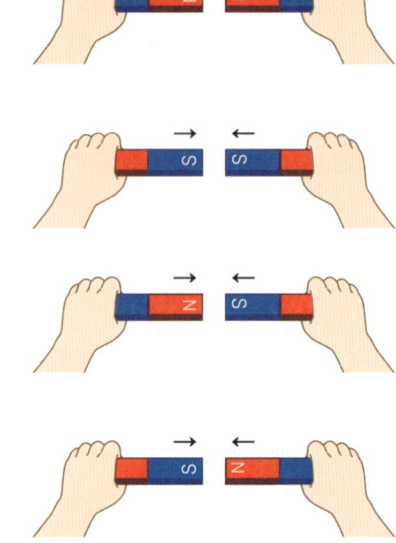

◆わかったこと
じしゃくのちがうきょくどうしは引き合い、同じきょくどうしはしりぞけ合う。

この実験のポイント
▶ 手ごたえを調べるほかにも、片方の磁石を自由に動くようにして、もう片方の磁石を近付けていったときの様子で調べることもできます。

実験 4 自由に動くようにしたじしゃく

❖ 自由に動くようにしたじしゃくは、どのような向きに止まるのかを調べます。

実験の準備・道具
・じしゃく ・方位じしん ・時計皿 など

実験の手順
① じしゃくを時計皿にのせて、自由に動くようにします。
② じしゃくの動きが止まったときに、じしゃくのNきょくとSきょくの向きを方位じしんで調べます。

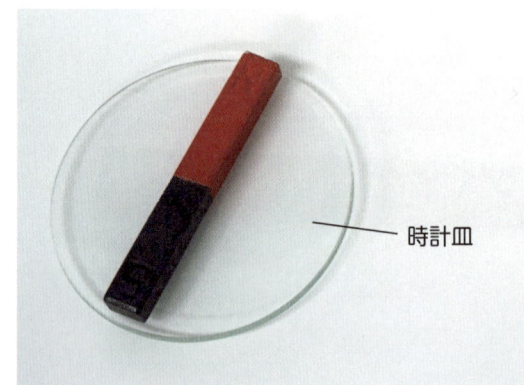

時計皿

◆わかったこと
自由に動くようにしたじしゃくは、Nきょくは北を、Sきょくは南を指す。

この実験のポイント
▶ 止まった磁石のすぐ近くで方位磁針を使用すると、方位磁針の針が磁石に引き付けられて正しい方位を示しません。同時には使わないようにします。
▶ 方位磁針を教室の机の上に置くと、天板の下にあるスチールに反応してしまうことがあります。方位磁針が正しく振れないので気を付けましょう。

26

実験 5　じしゃくになるもの

❖ じしゃくについた鉄は、じしゃくになるかどうかを調べます。

実験の準備・道具
・鉄くぎ　・じしゃく　・方位じしん　など

実験の手順
①強いじしゃくに、2本の鉄くぎをつけます。
②鉄くぎをじしゃくからしずかにはなし、鉄くぎがどうなるか調べます。

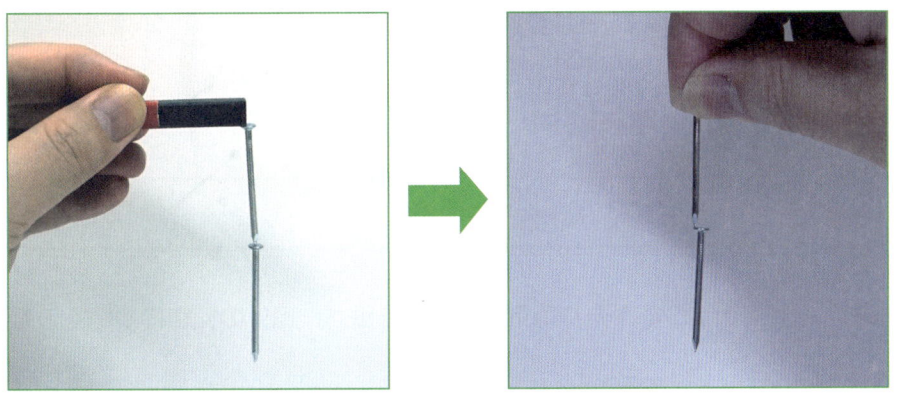

③鉄くぎがじしゃくになっているのか、いろいろな方法でたしかめます。

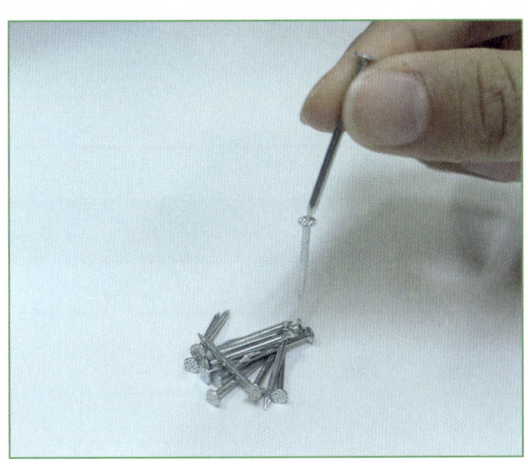
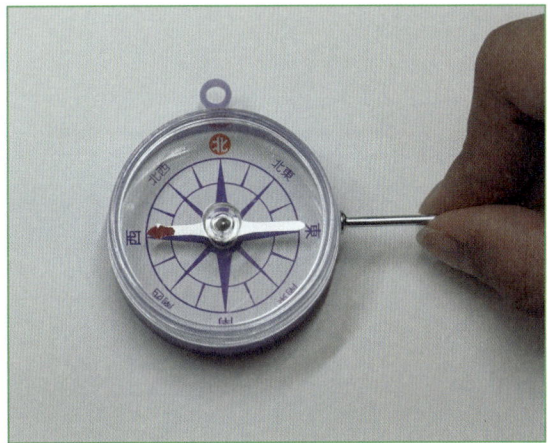

実験の結果
・じしゃくについた鉄くぎをじしゃくからはなしても、下の鉄くぎはついたままだった。
・じしゃくについた鉄くぎは、小さな鉄くぎや方位じしんのはりを引きつけた。

◆わかったこと
鉄は、じしゃくにつくと、じしゃくになる。

この実験のポイント ▶▶▶▶▶▶▶▶▶▶▶▶▶▶▶▶▶▶▶▶▶▶▶▶
▶鉄釘が磁石になったことはどうやったら確かめられるかを考えるのは、ここまでの学習で習得した知識(磁石の性質)を活用する場面です。児童に実験方法を考えさせることが大切です。
▶磁石になった鉄釘にも、N極とS極があります。磁石のN極に鉄釘の頭がついた場合は、鉄釘の頭はS極になります。上の実験では、磁石のS極についた鉄釘の頭はN極になっているので、方位磁針のS極が引き付けられています。

27

第2章 理科重要観察・実験の指導法 3年生

電気の通り道

電気の通り道

実験

単元の概要

系統別領域

A. 物質・エネルギー

第3学年	第4学年	第5学年	第6学年	中学
(5)電気の通り道 ア 電気を通すつなぎ方 イ 電気を通す物	(3)電気の働き ア 乾電池の数とつなぎ方 イ 光電池の働き	(3)電流の働き ア 鉄心の磁化、極の変化 イ 電磁石の強さ	(4)電気の利用 ア 発電・蓄電 イ 電気の変換 ウ 電気による発熱 エ 電気の利用	ア 電流 (ア) 回路と電流・電圧 (イ) 電流・電圧と抵抗 (ウ) 電気とそのエネルギー (エ) 静電気と電流

学習のねらい

（5）電気の通り道
　乾電池に豆電球などをつなぎ、電気を通すつなぎ方や電気を通す物を調べ、電気の回路についての考えをもつことができるようにする。
ア　電気を通すつなぎ方と通さないつなぎ方があること。
イ　電気を通す物と通さない物があること。

（学習指導要領より）

成功のコツ

回路のつくり方

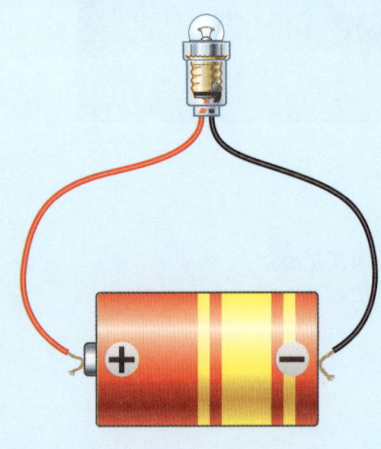
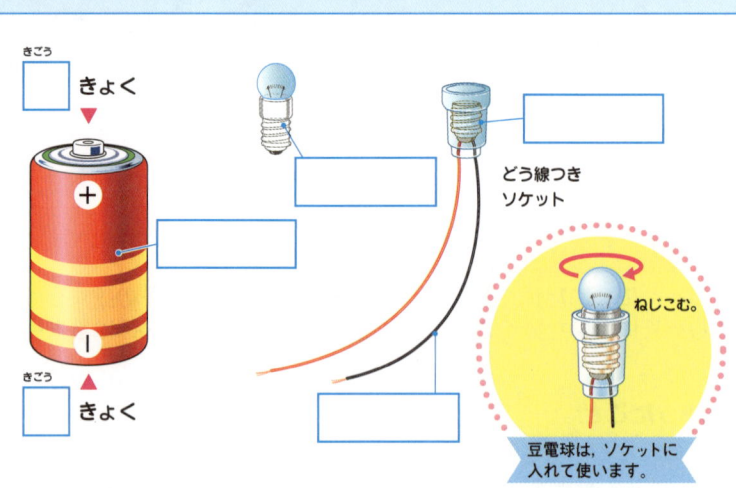

覚えておきたい用語

▶乾電池の＋極、豆電球、乾電池の－極が1つの輪のようにつながると電気が通ります。この電気の通り道を「回路」といいます。これからの理科でずっと出てくる用語です。しっかりと覚えさせましょう。

実験1 電気を通すもの・通さないもの

❖ 電気を通すものと通さないものを調べます。

実験の準備・道具
・豆電球　・かん電池　・どう線つきソケット
・電気が通るかどうかを調べるもの　・どう線　など

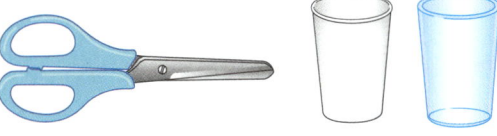

実験の手順
①豆電球とかん電池を、どう線でつなぎます。
②はなれたどう線の間にいろいろなものをつないで、豆電球に明かりがつくかどうかを調べます。

実験の結果　（板書例）

調べるもの	よそう	けっか
十円玉（どう）		○
一円玉（アルミニウム）		○
アルミニウムはく		○
はさみ（プラスチック）		×
はさみ（鉄）		○

調べるもの	よそう	けっか
紙のコップ		×
ガラスのコップ		×
じょうぎ（プラスチック）		×
ものさし（竹）		×
クリップ（鉄）		○

◆わかったこと
鉄、どう、アルミニウムなどの金ぞくは、電気を通す。
紙、木、ガラス、プラスチックなどは、電気を通さない。

この実験のポイント
▶電気の単元と磁石の単元で、調べるものを同じにすると、電気の働きと磁石の働きを比較して考えさせることができます。
▶実験の前に、予想する時間をとってノートに書かせるようにしましょう。見通しをもって実験させるために大切なことです。
▶アルミニウムや鉄の空き缶は、表面をやすりで削って金属面を出すと電気を通すことを確かめさせるとよいでしょう。
▶右の写真のようなショート回路は、大きな電流が流れて熱くなり、大変危険です。このようなつなぎ方をしないように指導しましょう。

第2章 理科重要観察・実験の指導法 ３年生

6 昆虫と植物
植物の育ち方

 観察

単元の概要

系統別領域　　　　　　　　　　　　　　　　　　　　　　　　B. 生命・地球

第３学年	第４学年	第５学年	第６学年	中　学
(1)昆虫と植物 ア　昆虫の成長と体の 　　つくり イ　植物の成長と体の 　　つくり	(2)季節と生物 ア　動物の活動と季節 イ　植物の成長と季節	(1)植物の発芽、成長、結実 ア　種子の中の養分 イ　発芽の条件 ウ　成長の条件 エ　植物の受粉、結実	(2)植物の養分と水の通り道 ア　でんぷんのでき方 イ　水の通り道	イ　植物の体のつくりと働き (ｱ)　花のつくりと働き (ｲ)　葉・茎・根のつくり 　　と働き

学習のねらい

（１）昆虫と植物
　身近な昆虫や植物を探したり育てたりして、成長の過程や体のつくりを調べ、それらの成長のきまりや体のつくりについての考えをもつことができるようにする。
イ　植物の育ち方には一定の順序があり、その体は根、茎及び葉からできていること。

（学習指導要領より）

道具の使い方

虫眼鏡の使い方

【動かせないものを見るとき】
体を見るものに近づけ、虫めがねを近づけたり遠ざけたりして虫めがねを動かして見る。
または、目に虫めがねを近づけてそのまま体ごと見るものに近づいたり遠ざかったりして見る。

【動かせるものを見るとき】
見るものを虫めがねに近づけたり、遠ざけたりして、はっきり見えるところで止める。

ポイント
▶目を痛めてしまうことがあるので、絶対に虫眼鏡で太陽を見ないように指導します。
▶屋外で虫眼鏡を使用したときは、レンズに細かな砂などがついていないか確認させます。
▶砂がついているときは、レンズを傷つけないようにするため、写真機用のブロアーブラシなどで砂を吹き飛ばしてから、柔らかい布でレンズを拭きます。

観察 1　めが出た後のようす

❖ たねをまいて、めが出た後のようすを調べます。

観察の準備・道具
・植物のたね（ホウセンカ、ヒマワリ、ダイズ、マリーゴールド など）　・虫めがね　・かんさつカード
・紙テープ　・色えんぴつ　など

観察の手順

【たねまき】
①まくたねの色、形、大きさを調べて、かんさつカードにかきます。
②土にたねをまきます。
③たねの上に土をかけて、水をやります。

【めが出た後のようす】
①子葉の色、形、大きさ、数を調べます。
②紙テープなどを使って、地面からいちばん新しい葉のつけ根までの高さをはかります。
③植物の高さをはかった紙テープを、大きな紙にじゅんにはっていきます。
④葉の色、形、大きさを調べます。
⑤植物の高さを調べます。

◆わかったこと
・たねからはじめに出てきた葉を子葉という。子葉は2まいある。
・たねから子葉が出た後、子葉の間から葉が出てくる。葉の形や大きさは、子葉とはちがう。

ホウセンカ　　　　　ヒマワリ

この観察のポイント

▶ホウセンカなどの小さい種子は、土の上に直接蒔いて上から土をかけます。ヒマワリなどの大きい種子は、土に1.5cmくらいの深さの穴をあけて、その中に種子を蒔いて上から土をかけます。ホウセンカやヒマワリ以外の種子を蒔く場合は、どちらの蒔き方がよいか、種子の大きさから児童に考えさせてもよいでしょう。
▶直蒔きにせず、生活科でアサガオなどを栽培した植木鉢を利用して育てると、持ち運びができて、室内で観察することができます。
▶ホウセンカもヒマワリも栽培すると種子がたくさん採れるので、次の学年に引き継ぐとよいでしょう。プレゼントのような形にすると、栽培に意欲が増します。
▶種子の数が十分にある場合は、観察カードに1粒ずつセロハンテープで貼らせてもよいです。振り返ったときに、小さな種子から大きく成長することが実感できます。（「観察カードのかき方」は33ページ）

第2章　理科重要観察・実験の指導法　3年生

観察2　植物の育つようす

❖ たねをまいた植物の育ち方や、植物のからだのつくりを調べます。

観察の準備・道具
・かんさつカード　・紙テープ　・色えんぴつ　など

観察の手順
①植物の葉の大きさや数、くきの太さなどを調べます。
②植物の高さを調べます。
③植物のからだのつくりを調べます。

◆わかったこと
ホウセンカにもヒマワリにも、葉、くき、根がある。

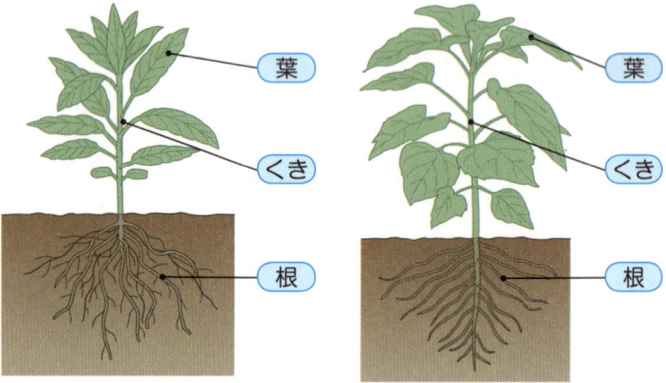

この観察のポイント ▷▷▷▷▷▷▷▷▷▷▷▷▷▷▷▷▷▷▷▷▷▷▷▷▷▷▷▷▷▷▷▷▷▷▷▷▷▷
▶ 観察するときは、植物を丁寧に掘りとり、根についている土を水でそっと洗いましょう。根が広がっている様子がよくわかります。素早く観察し、できるだけ早く土に戻してやりましょう。
▶ 観察カードにスケッチをさせた後に手触りや匂いなども書き込ませると、細かいところまで注意して見るようになります。
▶ ホウセンカとヒマワリなどを比較させ、それぞれの違いに注目させます。

成功のコツ

暑い時期の観察の注意ポイント

ホウセンカ

ヒマワリ

①花が咲いたころの植物の様子を調べるのは暑い時期になるので、帽子をかぶらせるなどの配慮をし、観察に長い時間をかけないようにしましょう。
②実物を観察させた後に写真を撮り、室内でじっくり観察させてもよいでしょう。
③ホウセンカとヒマワリの共通点、相違点を意識させます。

観察 ③ 植物の育つじゅんじょ

❖ 実ができた後の植物のようすを調べて、植物の育ち方をまとめます。

観察の準備・道具
・かんさつカード　・紙テープ
・色えんぴつ　など

観察の手順
①植物の実ができているようすや、葉やくきのようすなどを調べます。
②植物の高さを調べます。
③たねをまいた植物がどのように育ってきたか、育ち方をまとめます。

ホウセンカ

ヒマワリ

◆わかったこと
植物は、たねから子葉が出て、葉の数がふえ、くきや根がのびて、大きく育つ。花がさいて、後に実ができると、やがて植物はかれる。

この観察のポイント
▶観察カードを順に並べて振り返り、観察したことを元に植物の育ち方を比べるようにしましょう。
▶ホウセンカやヒマワリの観察結果を比較して、種子や葉、花の色や形などは違うけれど、種子から葉が出て成長し、花が咲いて実ができるという共通点をしっかりおさえるようにさせましょう。
▶一目で成長の様子がわかるように、模造紙に写真や植物の高さを表す紙テープを貼りつけておくとよいです。

道具の使い方

観察カードのかき方

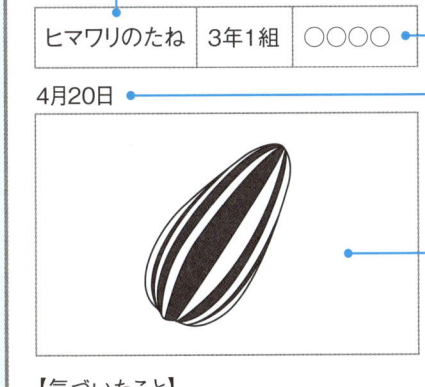

- 何をかんさつしたのかを書きます。
- 自分の名前を書きます。
- かんさつした日づけを書きます。
- かんさつしたものをくわしくスケッチします。
- かんさつして気づいたことを書きます。色や形、大きさなどを記ろくします。

ポイント
▶観察カードは、後で順を追ってまとめられるように、普段使うノートに貼らせずに別に綴じていくようにさせましょう。少し厚めの紙にあらかじめ印刷しておき、児童がいつでもかけるようにしておくのもよい方法です。
▶題名や日付などはとても重要な情報です。おろそかにせずにきちんと書くように気を付けさせましょう。

第2章 理科重要観察・実験の指導法 3年生

7 昆虫と植物
こん虫の育ち方

観察

単元の概要

系統別領域　　　　　　　　　　　　　　　　　　　　　　　　　　　　B. 生命・地球

第3学年	第4学年	第5学年	第6学年	中　学
(1)昆虫と植物 　ア　昆虫の成長と体のつくり 　イ　植物の成長と体のつくり	(2)季節と生物 　ア　動物の活動と季節 　イ　植物の成長と季節	(2)動物の誕生 　ア　卵の中の成長 　イ　水中の小さな生物 　ウ　母体内の成長	(1)人の体のつくりと働き 　ア　呼吸 　イ　消化・吸収 　ウ　血液循環 　エ　主な臓器の存在	イ　動物の体のつくりと働き 　(ｱ)　生命を維持する働き 　(ｲ)　刺激と反応

学習のねらい

（１）昆虫と植物
　身近な昆虫や植物を探したり育てたりして、成長の過程や体のつくりを調べ、それらの成長のきまりや体のつくりについての考えをもつことができるようにする。
ア　昆虫の育ち方には一定の順序があり、成虫の体は頭、胸及び腹からできていること。

（学習指導要領より）

道具の使い方

モンシロチョウの飼い方

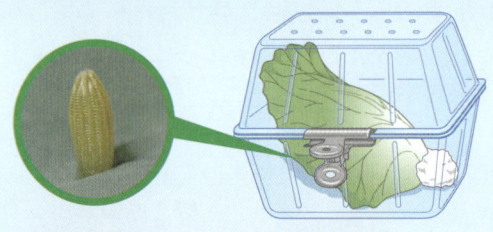
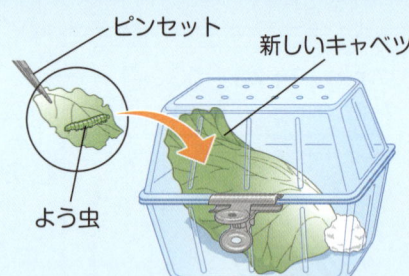

日光が直接当たらないところに置く。

準備・道具

・モンシロチョウのたまごがついているキャベツの葉　・ふたのついた入れ物　・新しいキャベツの葉
・紙またはティッシュペーパー　など

手順

①たまごがついている葉ごと、入れ物に入れます。
②毎日新しいキャベツの葉を入れます。よう虫は、葉にのせたまま新しい葉にうつします。
③よう虫が新しい葉にうつったら、古い葉をすてます。

ポイント

▶スーパーマーケットなどで市販されているキャベツの葉は農薬がついていることがあるので、いちばん外側の葉は与えないようにします。外側の葉でなくても念のため１日水でさらしたものを与えると安心です。（葉の表面の水分は拭き取っておきます。）
▶入れ物は１つだけではなく、いくつか用意します。入れ物が汚れたら幼虫を別の入れ物に移し、汚れた入れ物はきれいに洗って乾かしてからまた使うようにします。

観察 ① モンシロチョウの育ち方

❖ モンシロチョウが育つようすをかんさつします。

観察の準備・道具
・虫めがね　・かんさつカード　・色えんぴつ　・入れ物　・ものさし　など

観察の手順
①モンシロチョウがキャベツの葉にうみつけたたまごをさがします。
②たまごの色や形、大きさなどを虫めがねでかんさつします。
③よう虫の色や形、大きさを調べて、よう虫がどのように育つのか、かんさつします。
④さなぎのようすはどのようにかわっていくか調べます。

◆わかったこと
モンシロチョウは、たまご→よう虫→さなぎ→せい虫のじゅんに育つ。

この観察のポイント
▶3月頃、学校の花壇などにキャベツの苗をいくつか植えておくと、モンシロチョウのたまごを十分採集できます。
▶モンシロチョウのたまごはとても小さいので、児童はなかなか見つけることができません。しばらく探させたら、教師が採ったたまごを見せてやるとよいでしょう。
▶たまごは葉の裏に産みつけられていることが多いです。
▶幼虫にはアオムシコマユバチが寄生していることが多いので、たまごから飼育したほうがうまくいきます。
▶幼虫はできるだけ1人に1匹ずつ飼育させます。自分のものとして世話や観察に意欲的に取り組むようになります。
▶幼虫が大きく育ち、葉を食べなくなったり、水っぽいふんをしたりするようになったら、もうすぐ蛹になります。入れ物をあまり動かさないようにしましょう。

第2章 理科重要観察・実験の指導法 3年生

観察2 モンシロチョウの体のつくり

❖ モンシロチョウの体のつくりを調べます。

観察の準備・道具
・虫めがね ・かんさつカード ・色えんぴつ ・入れ物 など

観察の手順
①体はいくつに分かれているかを調べます。
②あしは何本あるか、あしはどこについているかを調べます。

◆わかったこと
チョウのせい虫の体は、頭・むね・はらからできている。むねからは、あしが6本出ている。このような虫のなかまを「こん虫」という。

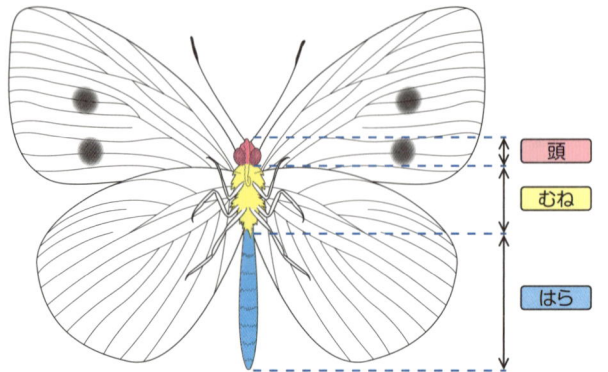

この観察のポイント
▶実物を観察するときは、小さい入れ物（プラスチックのカップなど）に入れると観察しやすいです。
▶動いてしまって体のつくりが確かめにくいこともよくあります。標本や写真を積極的に活用しましょう。

成功のコツ

モンシロチョウの頭（目・口・触角）

　モンシロチョウの成虫の体のつくりを調べるときは、頭の部分の様子も調べさせるとよいでしょう。実物を観察させる場合は、蜜などを吸わせているときに行えば、成虫が動かずにいてくれるので見やすいです。
（空腹時に吸蜜させた場合、じっとしている時間は5分程度です。）
　ストローのような口で吸うところを観察させることができたら、食べ物と口の形の関係を考えさせます。幼虫のときの食べ物と口の形も思い出させるとよいでしょう。

●**食べ物の与え方**
・シャーレやびんの蓋、薄い皿などの上に、水で薄めたスポーツドリンクを含ませたティッシュペーパーを乗せます。
・そのままでは、成虫は食べ物があるとはわかりません。羽をやさしくはさんで持ち、ティッシュペーパーの上にとまらせるとよいでしょう。（前あしに味を感じるところがあります。）
・ティッシュペーパーの上に置いても吸蜜が見られない場合は、丸まっている口の真ん中の空いている部分に爪楊枝などの細いものを差し込み、そっと口を伸ばしていってティッシュペーパーに触れさせます。ただし、羽化して間もないころや空腹でないときには、吸蜜はほとんど見られません。
・砂糖水や水で薄めた蜂蜜を与えてもよいですが、ほんのり味がわかるくらいまで薄めたものにします。
（濃すぎると、消化管が詰まってしまうと言われています。）

資料

アゲハを育てる

- アゲハのたまごは、ミカンなどの柑橘類、サンショウ、カラタチなどの木の葉に産み付けられます。たまごの大きさは1mmくらいで、モンシロチョウのたまごより丸い形をしています。たまごを探すときは、若い葉を見るようにします。葉の表側でも裏側でも見られます。
- 幼虫には、たまごが付いていた葉と同じ種類の葉を与えます。乾燥した葉は食べないので、葉がしおれないように、枝ごと切って水を入れたびんにさしておきます。
- モンシロチョウを育てるときと同じように、飼育ケースが汚れたら掃除をして、清潔に保ちます。また、掃除や葉を取り換えるときなどに、幼虫に触らないようにします。
- 成虫に与えるものは、36ページのコラム「成功のコツ」の「●食べ物の与え方」と同じで構いません。観察が終わったら、早めに逃がしてやりましょう。

ポイント
- 幼虫は、与える食草の種類を変えると食べなくなってしまいます。大きく成長することができなくなるので、終齢まで食草を確保できるかどうかをよく検討してから与えるようにします。

資料

カイコガを育てる

- たまごは理科教育センターや養蚕農家から分けてもらったり、教材を扱っている業者から購入したりします。見つからない場合は、インターネットでも購入できます。
- 幼虫は、クワの葉か人工飼料のどちらか一方を与えて育てます。（下のポイント参照）
- 1齢、2齢のころは、クワの葉は細かく刻んで与えます。乾燥しやすいので、容器に蓋をしたり、上からパラフィン紙で覆ったりします。（蒸れないように気を付けます。）人工飼料の場合も乾燥させないように注意します。
- 幼虫が終齢になり、体が黄色っぽくなってきたら、段ボールの板などで作った小さな部屋に1匹ずつ入れます。幼虫はその中に繭をつくり、蛹になります。
- 蛹になってから2週間ほどで、成虫が出てきます。成虫は何も食べず、水も飲みません。飛ぶこともできません。

ポイント
- 幼虫はクワの葉か人工飼料で育てますが、一度クワの葉を食べた幼虫は、人工飼料を与えても食べなくなります。（人工飼料で育てていた幼虫にクワの葉を与えると喜んで食べますが、人工飼料に戻すことができません。）
- 仕切りの部屋は、トイレットペーパーの芯を半分に切ったものでも代用できます。

第2章　理科重要観察・実験の指導法　3年生

観察3　バッタやトンボの体のつくり

❖ バッタやトンボの体のつくりを調べます。

観察の準備・道具
・虫めがね　・かんさつカード
・色えんぴつ　・入れ物　など

観察の手順
① 体はいくつに分かれているかを調べます。
② あしは何本あるか、あしはどこについているかを調べます。
③ 目・口・しょっ角はどこについているかを調べます。
④ バッタやトンボ、モンシロチョウの体のつくりをくらべます。

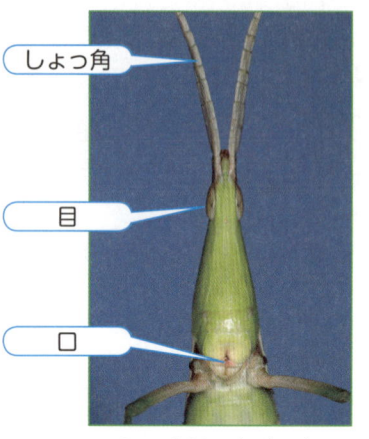

ショウリョウバッタ 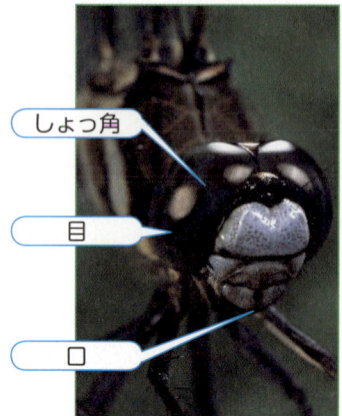　　シオカラトンボ

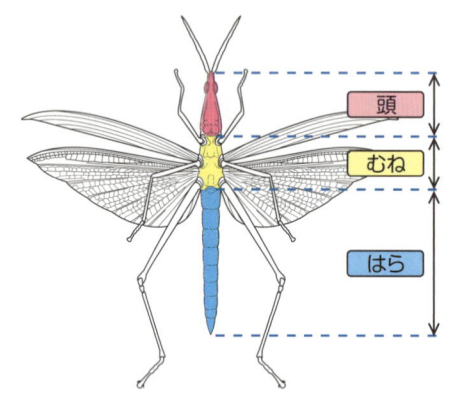

ショウリョウバッタ 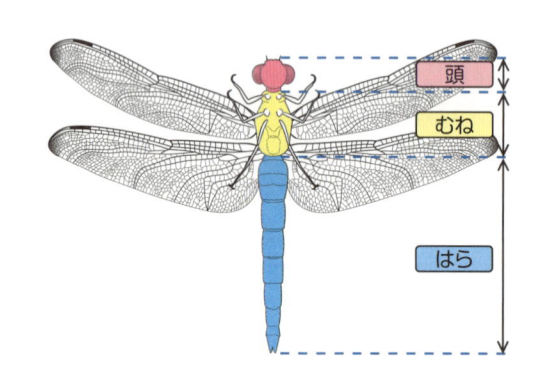　　シオカラトンボ

モンシロチョウ

◆わかったこと
・バッタもトンボも、せい虫は頭・むね・はらの3つの部分からできていて、むねに6本のあしがある。
・バッタもトンボも、体のつくりはモンシロチョウと同じである。

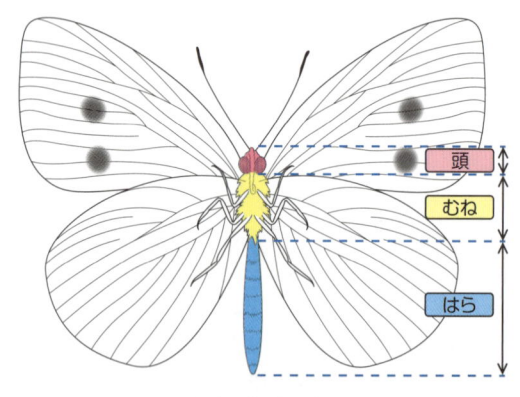

この観察のポイント

▶ 児童はそれぞれの昆虫の違いに目がいきがちですが、ここでは昆虫の体のつくりの共通点をしっかりおさえさせましょう。
▶ 実物の観察だけでなく、ワークシートで頭・胸・腹の塗り分けをさせると、体のつくりの共通点を理解させやすくなります。また、粘土と割り箸で体のつくりの模型を作らせると、観察したことが定着します。
▶ バッタやトンボのほかに、アリの観察をさせてもよいでしょう。アリの絵を描かせると、児童はいろいろなアリを登場させてきます。普段見ているようで見ていないアリですが、観察をさせると頭・胸・腹からできていて、胸からあしが6本出ていることを確認させることができます。
▶ 体のつくりを調べるときは、必ず昆虫の腹側から観察させるようにします。カブトムシなど外側に堅い羽を持つ昆虫を背中側から見ると、体が2つに分かれているように見えてしまいます。

コラム

昆虫以外の虫

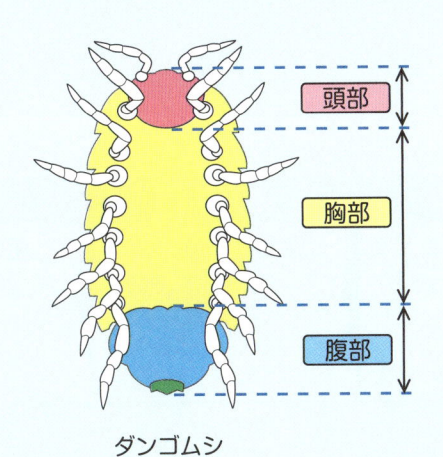

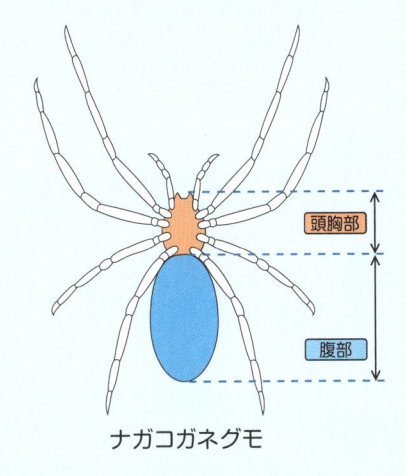

ダンゴムシ　　　　　　　　ナガコガネグモ

頭部／胸部／腹部　　　　　頭胸部／腹部

※ダンゴムシの図の緑色の部分を「尾部」と分けているものもあります。

ポイント
- ダンゴムシやクモなど昆虫ではない虫を観察させて、「ダンゴムシやクモは昆虫かどうか、そう考えた理由は何か」をしっかりと思考させると、昆虫の定義をより定着させることにつながります。
- タテハチョウ科など一部のチョウは、あしが4本に見えます。そのため、昆虫ではないと考える児童もいますが、前あしの2本は胸に小さく折りたたまれて見えにくいだけで、実は6本あります。

コラム

昆虫のすみかとすがた

　草むらや木の幹など、昆虫によって見つかる場所が違います。これは、それぞれの昆虫の食べ物や体を隠せる場所が様々だからです。

　バッタは草を食べるので、草むらで見つかることが多いです。また、体も緑色で、周囲の色と似た色にすることで、鳥や他の昆虫などの目に入りにくいようにして身を守っています。

　カマキリは草を食べるわけではありませんが、草を食べる昆虫を捕食するために草むらにいます。食べ物になる昆虫に近づくときに体が見えにくいように、また、自分自身も鳥などに見つからないように、周囲の色と同じような色になっています。

　同じ種類の昆虫でも、すみかによって体の色が違うことがあります。

ポイント
- 昆虫の体の部分も、それぞれの昆虫が生活するのに都合のよい形をしています。例えば、バッタの太い後ろあしは力強くジャンプするのに適していますし、カマキリの前あしは大きな鎌のような形をしていて、食べ物の昆虫を捕えるのに適しています。昆虫の体を調べるときには、その昆虫に見られる特徴と昆虫の生活とを関係付けて考えるように助言するとよいでしょう。

第2章 理科重要観察・実験の指導法 3年生

8 身近な自然の観察
身近なしぜんのかんさつ

観察

単元の概要

系統別領域　B. 生命・地球

第3学年	第4学年	第5学年	第6学年	中学
(2)身近な自然の観察 ア　身の回りの生物の様子 イ　身の回りの生物と環境とのかかわり	(2)季節と生物 ア　動物の活動と季節 イ　植物の成長と季節	(1)植物の発芽、成長、結実 ア　種子の中の養分 イ　発芽の条件 ウ　成長の条件 エ　植物の受粉、結実	(3)生物と環境 ア　生物と水、空気とのかかわり イ　食べ物による生物の関係	ア　生物の観察 (ｱ)　生物の観察

学習のねらい

(2) 昆虫と植物
　身の回りの生物の様子を調べ、生物とその周辺の環境との関係についての考えをもつことができるようにする。
ア　生物は、色、形、大きさなどの姿が違うこと。

（学習指導要領より）

観察① 身近なしぜんのかんさつ

❖ 校庭や学校のまわりで生き物をさがします。

観察の準備・道具

・長そでの服　・長ズボン　・ぼうし　・虫めがね　・ものさし　・かんさつカード　など

観察の手順

①校庭や学校のまわりにいる生き物をさがします。
②生き物の色や形、大きさなどについて調べて、かんさつカードに記ろくします。

◆わかったこと
生き物は、それぞれ色や形や大きさがちがう。

この観察のポイント

▶観察場所に危険がないか、毒虫や害虫がいないかどうかを事前に必ず確かめておきます。必要に応じて、虫よけスプレーなども用意させましょう。（詳細は41ページ）

成功のコツ

野外活動

❖ 野外活動を行うためには、様々な準備が必要です。安全に留意して、十分な成果が得られる活動にしましょう。下の表はチェックリストとして活用できます。

計画・事前準備

- ☐ 野外活動の目的を明確にした活動の計画
  （活動の日時〈予備日を含む〉、場所、目的など）
- ☐ 学校長、活動場所の管理者等への許可申請
- ☐ 現地調査
  （危険なところはないか、活動場所の広さはどうか、害を与えるような動植物がないか、トイレはあるか、行き帰りの所要時間や交通量はどうかなど）
- ☐ 保護者への文書の作成
  （活動の目的や活動日時の告知、持ち物・服装等の準備や保護者の付き添いの依頼〈付き添いは必要に応じて〉、花粉アレルギー等への配慮の有無の確認など）
- ☐ 保護者の緊急連絡先の確認
- ☐ 緊急時の指示・連絡経路の確立と共有
- ☐ 児童数分の観察カード、虫眼鏡等の準備
  （出発前に配布する。）
- ☐ 教師の持ち物の準備
- ☐ 傷害保険等の確認

（服装ラベル: 帽子／長袖／長ズボン／汚れてもよい運動靴）

児童への事前指導

- ☐ 学習活動の目的の確認と共有
  （何のために行くのか、何を調べるのか、どんな観点で調べるのかなど）
- ☐ 安全指導
  （行き帰りの歩き方、集合の仕方、集団行動のマナー、はぐれてしまったときの対処の仕方など）
- ☐ 生物愛護の意識付け
  （むやみに触ったり採集したりしない、観察後は元に戻すなど）
- ☐ 観察カードのかき方、虫眼鏡の使い方などの指導
  （はじめから細かくかこうとすると、時間が足りなくなる。特徴をとらえて大まかにかかせる。）
- ☐ 当日の服装の説明
- ☐ 当日の持ち物の説明

当日に行うこと

- ☐ 天気予報の確認
- ☐ 出発時、到着時の人数の確認
- ☐ 行き帰りや現地での活動中の安全確保
- ☐ 健康観察
- ☐ 観察の視点、観察カードのかき方等の助言

	持ち物の例
児童	筆記用具 ものさし 観察ボードや探検バッグ 水筒 雨具 ハンカチ ティッシュペーパー 虫よけスプレー
教師	笛 拡声器 携帯電話 救急セット 水 緊急連絡先名簿 デジタルカメラ 植物図鑑、昆虫図鑑 大きなビニルシート タオル数枚 軍手

※児童の持ち物はリュックサック等に入れて、両手があくようにして活動させます。

第2章 理科重要観察・実験の指導法 3年生

9 太陽と地面の様子
太陽と地面のようす

観察

単元の概要

系統別領域　　　　　　　　　　　　　　　　　　　　　　　　　　　　B．生命・地球

第3学年	第4学年	第5学年	第6学年	中　学
(3)太陽と地面の様子 ア 日陰の位置と太陽の動き イ 地面の暖かさや湿り気の違い	(3)天気の様子 ア 天気による1日の気温の変化 イ 水の自然蒸発と結露	(4)天気の変化 ア 雲と天気の変化 イ 天気の変化の予想		ア 気象観測 イ 天気の変化 ウ 日本の天気

学習のねらい

（3）太陽と地面の様子
　日陰の位置の変化や、日なたと日陰の地面の様子を調べ、太陽と地面の様子との関係についての考えをもつことができるようにする。
　ア　日陰は太陽の光を遮るとでき、日陰の位置は太陽の動きによって変わること。
　イ　地面は太陽によって暖められ、日なたと日陰では地面の暖かさや湿り気に違いがあること。　（学習指導要領より）

道具の使い方

遮光板の使い方

道具の使い方・注意

・太陽を見るときは、必ずしゃ光板を使います。
・しゃ光板を使って太陽を見る場合も、長い時間見つづけてはいけません。

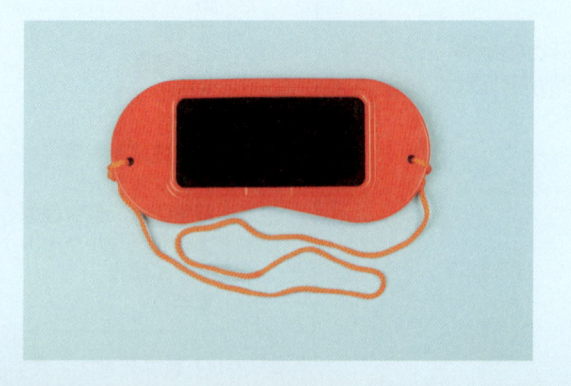

ポイント
▶1人に1枚ずつ遮光板を持たせて、十分に観察できるようにしましょう。
▶遮光板は、学校教材用の安全なものを使用させます。
▶ひもは、首から下げるためについています。ふざけて振り回したり引っぱったりしないように指導します。

観察 ① かげの向きと太陽の動き

❖ かげの向きや太陽のいちは、時間がたつとどうなるか調べます。

観察の準備・道具
・方位じしん　・もぞう紙などの大きな紙　・ペットボトル　・すな　・ぼう　・しゃ光板　・ペン　など

観察の手順

1. 記録用紙をつくり、日光が当たるところにおきます。
   ① もぞう紙に方位と線（東西と南北）を書き入れます。
   ② 方位じしんで方位を調べて、もぞう紙に書いた方位と合わせます。
   ③ 中心にぼうを立てます。

2. 午前10時ごろに、かげの向きを調べて記ろくします。
   ① ぼうのかげがどこにできているかを調べて、しるしをつけます。
   ② ぼうのそばで、太陽の見える方向を調べて、しるしをつけます。

3. 正午ごろ、午後にも、2.と同じように、かげの向きと太陽の見える方向を調べて記ろくします。

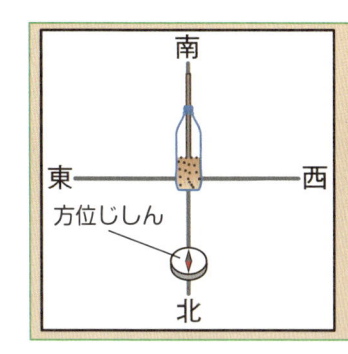

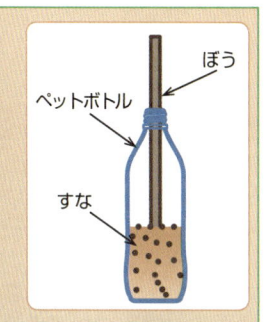

観察の結果

かげの動き

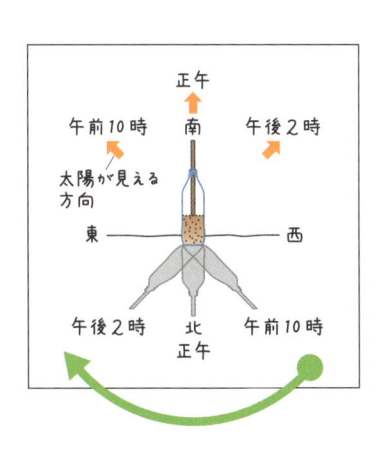

太陽の動き

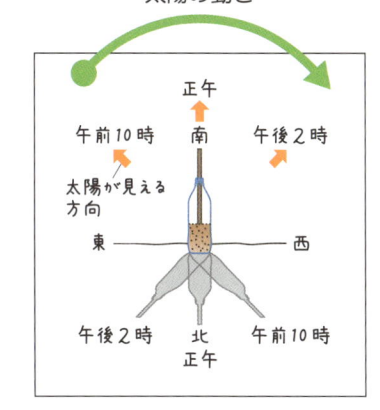

◆わかったこと

・時間がたつにつれて、かげは西から北へ、北から東へと動く。
・太陽は、東から出て南の空を通り、西へとしずむ。
・太陽が動くことで、かげの向きがかわる。

この観察のポイント ▶▶▶

▶ 天気予報を調べ、一日中太陽が出ている日を選んで実験します。
▶ どの場所で実験するかも重要です。「午前10時から午後2時まで建物の影に入らない」「教室からあまり遠くない」「休み時間に他の児童の邪魔にならない」などの条件に合う場所を選びましょう。
▶ 記録する紙が風で飛ばされないように、必ず固定しておきましょう。
▶ 一人一人に画用紙を渡して観察させると、意欲的に観察するようになります。

第2章　理科重要観察・実験の指導法　3年生

観察2　日なたと日かげの地面のようす

❖ 日なたと日かげの地面のようすをくらべます。

観察の準備・道具
・温度計　・記ろくカード
・おおい（あつ紙や牛にゅうパック）
・ペットボトル　など

観察の手順
①晴れた日の午前10時ごろ、日なたと日かげの地面の温度をはかります。
　＊日かげの温度は、一日中日かげになる場所ではかります。
②同じ日の正午ごろ、日なたと日かげの地面の温度をはかります。
③はかった温度を日なたと日かげでくらべます。

❶ 地面をあさくほり、温度計のえきだめをさしこみ、土をかぶせます。

❷ 日光が温度計に直せつ当たらないように、おおいをします。ただし、えきだめの部分はおおいません。

❸ しばらくまって、えきの高さがかわらなくなってから、温度を読みとります。

観察の結果　（板書例）

午前10時	日なた	日かげ
地面の温度	℃	℃

正午	日なた	日かげ
地面の温度	℃	℃

◆わかったこと
・同じ時こくのとき、日なたの地面の温度は、日かげの地面より高くなる。
・日なたの地面は日光であたためられる。

この観察のポイント ▶▶▶▶▶▶▶▶▶▶▶▶▶▶▶▶▶▶▶▶▶▶▶▶▶▶▶▶▶▶▶▶▶
▶日なたは午前10時と正午で建物の影に入らない場所かどうか、実験の前に確認しておきます。日陰は一日中日光が当たらない校舎の北側などを選びます。
▶日なたで温度計におおいをかぶせるとき、土をかけた液だめのところにはおおいをしないように気を付けさせます。
▶この実験の前までに、日なたと日陰の暖かさや湿り具合の違いなどを体感させておきます。
▶地面を浅く掘るときに、児童はうっかりして温度計で掘ってしまいがちです。シャベルや短い棒など、地面を掘るものを持たせましょう。

道具の使い方

方位磁針の使い方

方位じしんは、水平におくと、はりが北と南をさして止まります。色がついているはりの先が北をさしています。

道具の使い方

①手のひらに方位じしんを水平にしておきます。
②はりが止まったら、ケースを回して色がついているはりの先と北の文字を合わせます。

ポイント ▶▶

▶方位磁針の針は磁力に敏感に反応するので、磁石、磁力を帯びた金属、磁気を発する携帯電話などの近くでは、方位磁針を使わないようにします。また、それらの側に方位磁針を置かないようにします。

道具の使い方

温度計の使い方

温度計を使うと、えきだめにふれているもの（土や水、空気など）の温度をはかることができます。

道具の使い方

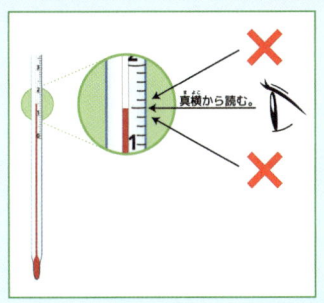

温度をはかりたいものに、温度計のえきだめをふれさせます。えきの先が動かなくなったら、目もりを読みます。

道具を使うときの注意

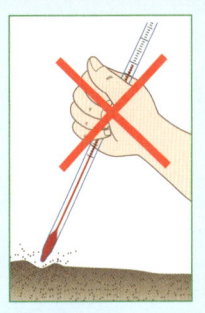

温度計で土をほってはいけません。

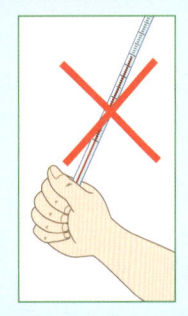

手のあたたかさが温度計につたわらないように、えきだめの部分は持たないようにします。

ポイント ▶▶

▶棒温度計はガラスでできているので割れやすいことを確認し、丁寧に扱うように繰り返し指導しましょう。
▶カバーのついている割れにくい製品もあります。

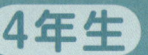

第3章 理科重要観察・実験の指導法 4年生

1 空気と水の性質
とじこめた空気や水

実験

単元の概要

系統別領域

A. 物質・エネルギー

第3学年	第4学年	第5学年	第6学年	中 学
	(1)空気と水の性質 ア 空気の圧縮 イ 水の圧縮		(1)燃焼の仕組み ア 燃焼の仕組み	ア 物質のすがた (ア) 身の回りの物質とその性質 (イ) 気体の発生と性質

学習のねらい

（1）空気と水の性質
　閉じ込めた空気及び水に力を加え、その体積や圧し返す力の変化を調べ、空気及び水の性質についての考えをもつことができるようにする。
ア　閉じ込めた空気を圧すと、体積は小さくなるが、圧し返す力は大きくなること。
イ　閉じ込めた空気は圧し縮められるが、水は圧し縮められないこと。

（学習指導要領より）

成功のコツ

閉じ込めた空気と水

❖ 安全に留意して、閉じ込めた空気と水を圧したときの違いを体感させましょう。

▶注射器は、先端をゴムの板にまっすぐに立てます。
▶注射器の下の方をしっかりと持って支えさせます。
▶ピストンを押すときは、力いっぱい押さずに、指の腹でゆっくりと押すようにさせます。強い力で押すと、注射器の先端が折れてしまうことがあります。特に、水を入れたときは何とかピストンを押し込めようとして、ピストンを握って力を加えてしまいがちです。
▶空気を閉じ込めて圧したときに、ピストンから急に手を放してしまうと、ピストンが飛び出してくることがあります。ゆっくりと手を放させるようにします。
▶空気や水を容量いっぱいまで入れてしまうと、ピストンを押すときに安定しません。
▶目盛りの合わせ方を指導するときは、実物投影機を使って目盛りを拡大して説明するとわかりやすいです。

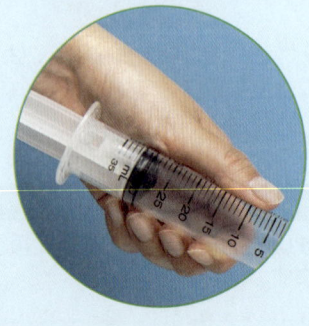

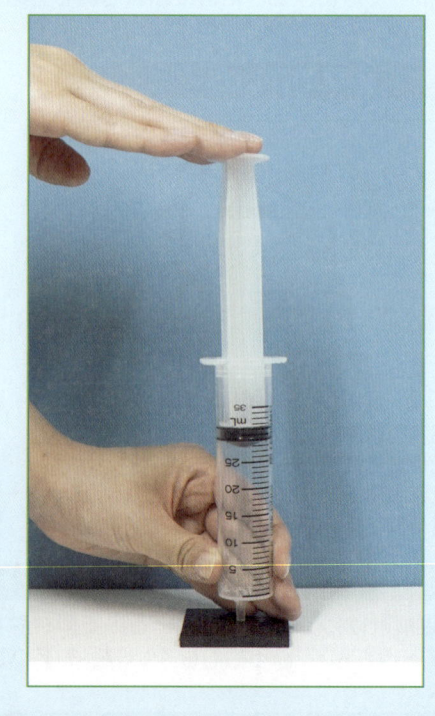

実験1　とじこめた空気をおす

❖ とじこめた空気をおして、体積や手ごたえが変わるのか調べます。

実験の準備・道具
・注しゃ器　・ゴムの板　など

実験の手順
①ピストンを引いて、注しゃ器の中に空気を入れます。
②ゴムの板に注しゃ器をまっすぐに立てて、ゆっくりとピストンをおします。
③空気の体積や手ごたえを調べて、記録します。

実験の結果

ピストンをおす力	少しずつ大きくする。
ピストンの位置	（図：注射器内のピストン位置が下がっていく様子）
とじこめた空気の体積	少しずつ小さくなる。
手ごたえ	少しずつ大きくなる。

◆わかったこと
・とじこめた空気をおすと、空気は体積が小さくなる。
・空気は、体積が小さくなるほど、手ごたえ（おし返す力）が大きくなる。

この実験のポイント
▶ 押す力をだんだん強くしていくと、空気の体積が小さくなることや手ごたえが大きくなることなどを、一人一人が十分に実感できるよう時間をとりましょう。
▶ 手ごたえは全員に体感させて、圧し返される感覚をつかませます。ピストンを指1本で押させると、手ごたえを感じやすくなります。
▶ 圧し返される力を感じず、手を放してもピストンが戻らないときは、空気がもれています。ゴムの板にまっすぐ立てるよう助言します。

実験2　とじこめた水をおす

❖ とじこめた水をおして、体積が変わるのか調べます。

実験の準備・道具
・注しゃ器　・ゴムの板　など

実験の手順
①ピストンを引いて、注しゃ器の中に水を入れます。
②ゴムの板に注しゃ器をまっすぐに立てて、ゆっくりとピストンをおします。
③水の体積を調べて、記録します。

実験の結果

ピストンをおす力	少しずつ大きくする。
ピストンの位置	（図：注射器内のピストン位置が変わらない様子）
とじこめた水の体積	変わらない。

◆わかったこと
・とじこめた水は、力を加えても体積は変わらない。
・とじこめた空気はおしちぢめることができるが、水はおしちぢめることができない。

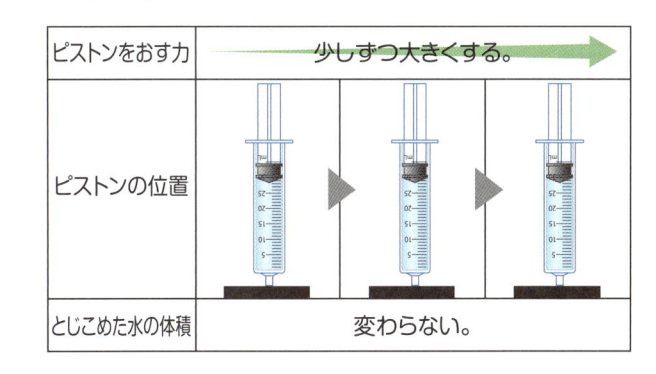

この実験のポイント
▶ 閉じ込めた空気を圧したときと同じ結果になるか、予想させてから実験をさせます。
▶ 押す力を強くしすぎて、手を痛めないよう注意させましょう。
▶ 空気との違いを全員に体感させます。

第3章 理科重要観察・実験の指導法 4年生

② 金属、水、空気と温度
ものの温度と体積

実験

単元の概要

系統別領域　　　　　　　　　　　　　　　　　　　　　　　　　A. 物質・エネルギー

第3学年	第4学年	第5学年	第6学年	中　学
	(2)金属、水、空気と温度 ア **温度と体積の変化** イ　温まり方の違い ウ　水の三態変化			ウ　状態変化 (ア)　状態変化と熱 (イ)　物質の融点と沸点

学習のねらい

（2）金属、水、空気と温度
　金属、水及び空気を温めたり冷やしたりして、それらの変化の様子を調べ、金属、水及び空気の性質についての考えをもつことができるようにする。
ア　金属、水及び空気は、温めたり冷やしたりすると、その体積が変わること。

（学習指導要領より）

成功のコツ

空気の体積の変化を調べる

❖ 試験管の口につけた石鹸水の膜の様子から空気の体積の変化を調べます。

1．石鹸水の膜は薄くつける

石鹸水の膜が厚すぎると、膜は自らの重さでどんどん下がってきてしまいます。石鹸水はシャーレなどに薄く入れ、試験管の口を逆さにして軽くつけるようにするとよいです。

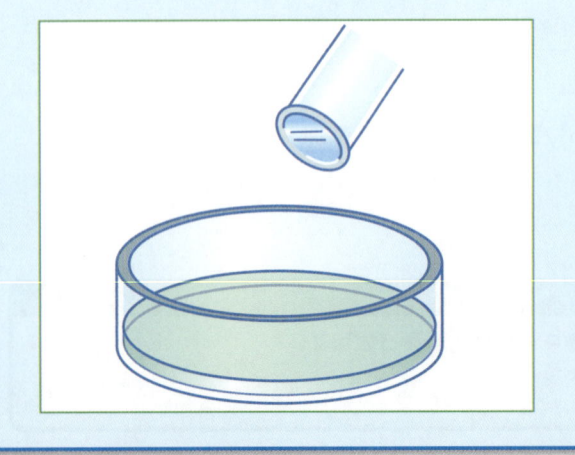

2．試験管はにぎらないようにする

試験管をぎゅっとにぎると、試験管が温まってしまい、中の空気の体積が大きくなります。そうすると、湯で温める前から膜が膨らんだ状態になってしまうので、気にする児童もいます。
試験管は3本の指で持つようにします。

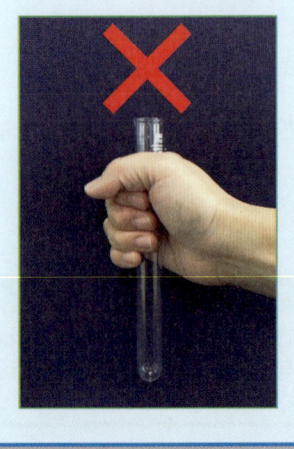

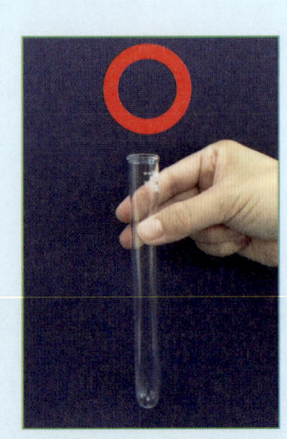

実験1　温度による空気の体積の変化

❖ 空気をあたためたり冷やしたりすると、体積がどのように変わるか調べます。

実験の準備・道具
- 試験管　・氷水　・湯（60℃ぐらい）
- ビーカー　・せっけん水　など

実験の手順
① 試験管の口に、せっけん水をつけます。
② 試験管を湯につけてあたためて、せっけん水のまくがどうなるか調べます。
③ 試験管を氷水につけて冷やして、せっけん水のまくがどうなるか調べます。

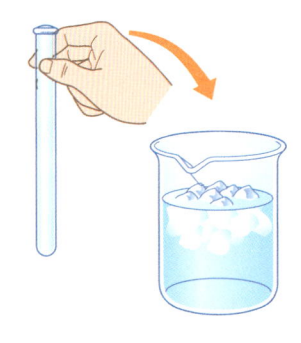

実験の結果　（板書例）

はじめのようす	まくは試験管の口にあった。
あたためたとき	まくはふくらんだ。
冷やしたとき	まくはへこんだ。

◆わかったこと
- 空気は、あたためると、体積が大きくなる。
- 空気は、冷やすと、体積が小さくなる。

この実験のポイント
▶ 空気の体積はどうなるかを予想させ、それを確かめる手段として石鹸水の膜を作ることを確認しておきます。
▶ 試験管のまわりに石鹸水がつくと滑りやすくなり、試験管を落としてしまうことがあります。石鹸水がついてしまったら、すぐ拭き取るようにさせましょう。

実験2　温度による水の体積の変化

❖ 水をあたためたり冷やしたりすると、体積がどのように変わるか調べます。

実験の準備・道具
- 試験管　・氷水　・湯（60℃ぐらい）
- ビーカー　・スタンド　・せっけん水　など

実験の手順
① 水を入れた試験管をスタンドに固定します。固定してから試験管の口いっぱいに水をそそぎます。
② ビーカーに湯をそそぎ、試験管をあたためて水面がどうなるか調べます。
③ ビーカーに氷水をそそぎ、試験管を冷やして水面がどうなるか調べます。

実験の結果　（板書例）

はじめのようす	水面は試験管の口にあった。
あたためたとき	水面はふくらんだ。
冷やしたとき	水面はへこんだ。

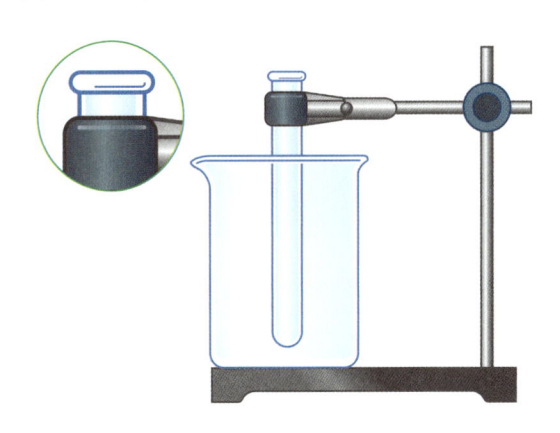

◆わかったこと
- 水は、あたためると、体積が大きくなる。
- 水は、冷やすと、体積が小さくなる。
- 温度による水の体積の変わり方は、空気にくらべて小さい。

この実験のポイント
▶ 水を試験管の口いっぱいに注ぐためには、ある程度まで水を入れた後に、スポイトで足していくとうまくいきます。

49

第3章 理科重要観察・実験の指導法 4年生

実験3 温度による金属の体積の変化

❖ 金ぞくを熱したり冷やしたりすると、体積がどのように変わるか調べます。

実験の準備・道具
・金ぞくの球　・輪　・実験用ガスコンロ　など

実験の手順

①初めに金ぞくの球が輪を通ることをたしかめます。
②金ぞくの球を実験用ガスコンロで熱し、輪を通りぬけるかどうか調べます。
③②で熱した金ぞくの球を水で冷やし、輪を通りぬけるどうか調べます。

実験の結果　（板書例）

はじめのようす		金ぞくの球は、通りぬける。
熱したとき		金ぞくの球は、通りぬけない。
冷やしたとき		金ぞくの球は、通りぬける。

◆わかったこと
・金ぞくは、熱すると、体積が大きくなる。
・金ぞくは、冷やすと、体積が小さくなる。
・金ぞくの体積の変わり方は、空気や水よりも小さい。

この実験のポイント ▶▶▶▶▶▶▶▶▶▶▶▶▶▶▶▶▶▶▶▶▶▶▶▶▶▶▶▶▶▶▶▶▶▶▶

▶初めは輪を通り抜けていた金属球が、熱すると通り抜けなくなったのは、熱することにより体積が増えたからであるということをきちんとおさえさせる必要があります。

▶熱した金属球には絶対に触らないように注意させます。また、水で冷やした後もしばらくの間は熱いので、すぐには触らないように指導します。金属球や輪を置くときは、水で濡らした雑巾の上に置きます。

▶金属球を熱する時間が短いと、金属球が輪を通り抜けてしまうことがあります。予備実験をして加熱に必要な時間を調べておきましょう。（加熱器具や火力によって異なります。）

道具の使い方

実験用ガスコンロ

道具の名前

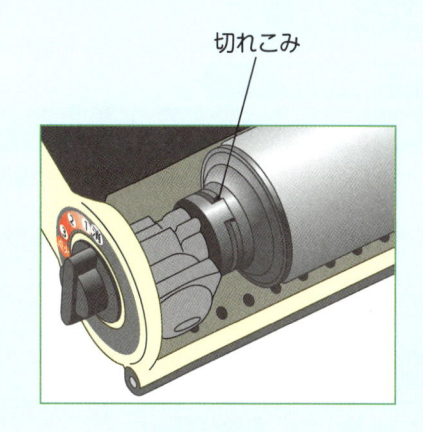

- ガスボンベ
- つまみ
- 切れこみ

道具の使い方

① 実験用ガスコンロを安定した場所に置きます。
② ガスボンベの切れこみを上にして、「カチッ」と音がするまでおして、ボンベを取りつけます。
③ つまみを「カチッ」と音がするまで回します。
④ つまみを回して、ほのおの大きさを調節します。
⑤ つまみを「消」に回して、火を消します。
⑥ 実験用ガスコンロやガスボンベが冷えてから、ガスボンベを外します。

・つまみが「1」のとき　・つまみが「3」のとき

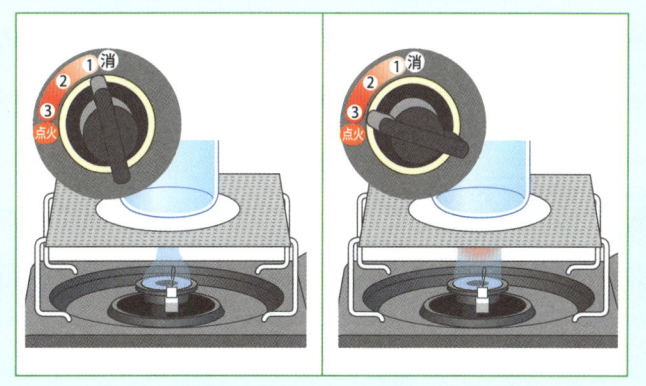

道具を使うときの注意

- ✗ 下にものを置かない。
- ✗ 火がついているときに動かさない。 
- ✗ 燃えやすいものの近くで使わない。 

ポイント

▶実験用ガスコンロは、軽くつまみを回すだけで点火でき、炎の調節も自在なので便利であるとともに、他の加熱器具に比べてとても安全です。そのため、児童に観察・実験させたい事象そのものに対する時間を確保することができます。

第3章　理科重要観察・実験の指導法　4年生

3 もののあたたまり方
金属、水、空気と温度

実験

単元の概要

系統別領域　　　　　　　　　　　　　　　　　　　　　　　　　　A. 物質・エネルギー

第3学年	第4学年	第5学年	第6学年	中　学
	(2)金属、水、空気と温度 ア　温度と体積の変化 イ　温まり方の違い ウ　水の三態変化			ウ　状態変化 (ア)　状態変化と熱 (イ)　物質の融点と沸点

学習のねらい

（2）金属、水、空気と温度
　金属、水及び空気を温めたり冷やしたりして、それらの変化の様子を調べ、金属、水及び空気の性質についての考えをもつことができるようにする。
イ　金属は熱せられた部分から順に温まるが、水や空気は熱せられた部分が移動して全体が温まること。

（学習指導要領より）

成功のコツ

予想をさせよう

❖ 金属，水，空気の温まり方を調べる実験の前に，必ず温まり方を予想させましょう。
　予想は図を用いてかかせます。

（例）

金ぞくの
あたたまり方の
予想

熱したところから、順に広がって
あたたまっていくと思う。

・実験の予想をすることで、自分の予想が当たっているかどうかを知るために、意欲的に実験に取り組むようになります。
・自分の考えを図で表現することで、他者に伝える力がつきます。

実験 1　金ぞくのあたたまり方

❖ 金ぞくのあたたまり方を調べます。

実験の準備・道具
・金ぞくのぼう　・金ぞくの板　・実験用ガスコンロ　・スタンド　・ろうそく　・トレー　など

実験の手順
①金ぞくのぼうと板に、ろうをうすくぬります。

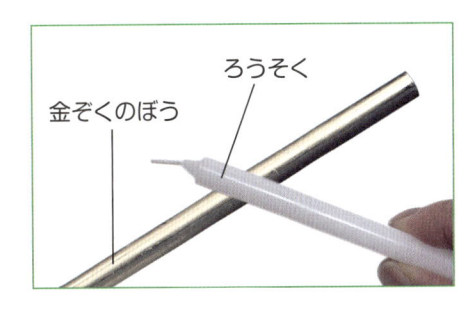

（金ぞくのぼう／ろうそく）

②金ぞくのぼうと板の一部を熱して、ろうのとけるようすを調べます。

熱する部分にはろうをぬらないようにします。

ろうが机などに落ちないように、トレーを置きます。

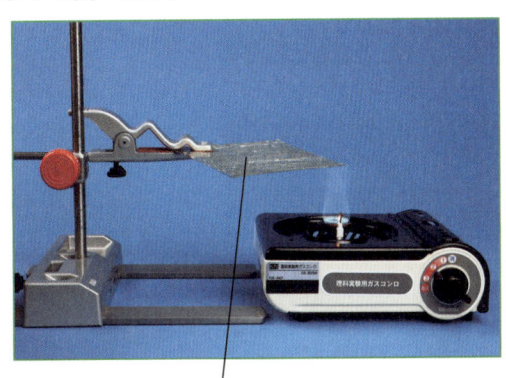

上になる面だけにろうをぬるようにします。

実験の結果
●金ぞくのぼうを熱したとき

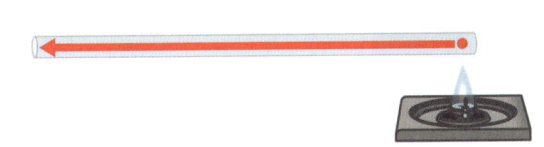

●金ぞくの板を熱したとき

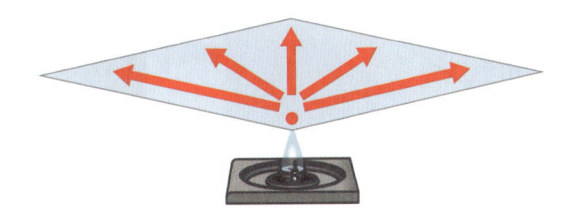

◆わかったこと
・金ぞくは、熱したところから順にあたたまっていく。

この実験のポイント
▶実験するときは、必ず換気をしましょう。
▶ろうをたくさん塗ると、火がついて燃えることがあります。ろうは薄く塗るように指導します。
▶ろうを塗るほかに、示温テープを金属の上に貼って調べることもできます。
▶実験後は金属が熱くなっているので、冷めるまで触らないように注意させます。

第3章　理科重要観察・実験の指導法　4年生

実験2　水のあたたまり方

❖ 水のあたたまり方を調べます。

実験の準備・道具
・試験管　・示温テープまたは示温インク　・水　・スタンド　・ガラスぼうまたはプラスチックの板
・実験用ガスコンロ　など

実験の手順
①ガラスぼうまたはプラスチックの板に示温テープをはりつけて、水を入れた試験管に入れます。
②試験管の下の方を熱して、示温テープの色の変わり方を調べます。
③試験管の上の方を熱して、示温テープの色の変わり方を調べます。

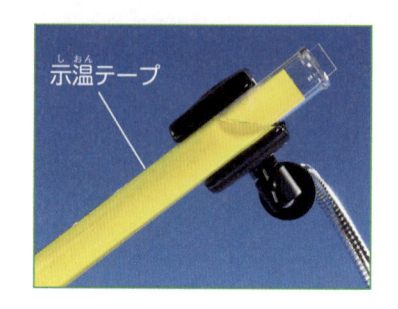

実験の結果
●試験管の下の方を熱したとき

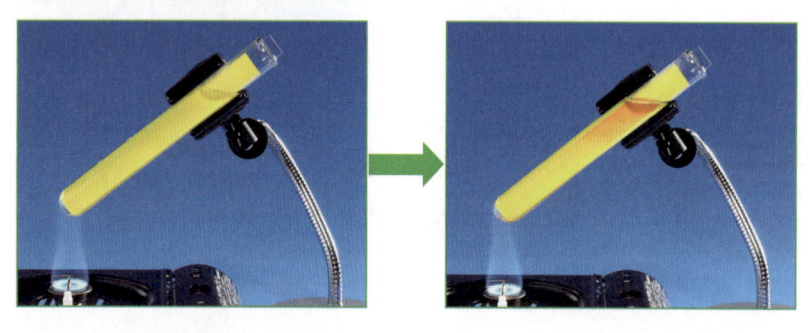

●試験管の上の方を熱したとき

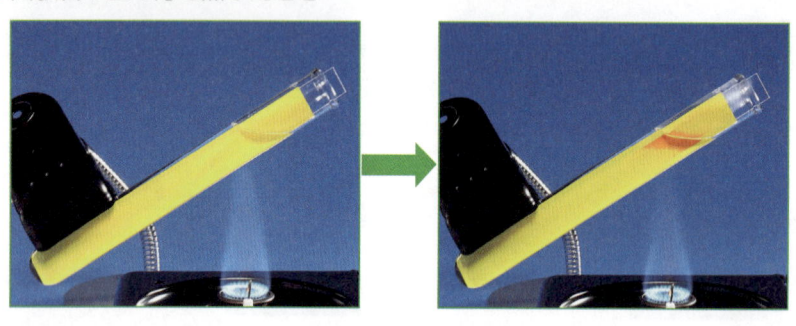

◆わかったこと
・水の下の方を熱すると、上の方からあたたまり、やがて全体があたたまる。
・水の上の方を熱すると、上の方はあたたまるが、下の方はあまりあたたまらない。

この実験のポイント ▶▶▶▶▶▶▶▶▶▶▶▶▶▶▶▶▶▶▶▶▶▶▶▶▶▶▶▶▶▶▶▶▶▶

▶試験管の口を人のいる方に向けないよう十分注意させます。
▶示温テープや示温インクの色が変わったら、熱するのをやめるように伝えましょう。水を沸騰させないようにします。
▶金属の温まり方と同じであれば、熱したところから順に色が変わっていくはずですが、試験管の下の方を熱すると、炎から遠い試験管の上の方から色が変わることがわかります。金属と水の温まり方は違うことをしっかりとおさえさせます。

実験 ③ あたためられた水の動き方

❖ 示温インクを使って、あたためられた水の動き方を調べます。

実験の準備・道具
・示温インク　・水　・ビーカー　・実験用ガスコンロ　など

実験の手順
①示温インクを水に入れ、ビーカーのはしを熱します。
②示温インクの色の変わり方を調べます。

実験の結果

◆わかったこと
・水は、あたためられた部分が上へ動く。
・上にあった部分は下へ動き、動きながら全体があたたまっていく。

この実験のポイント
▶この実験では、火力を「つまみ1（弱火）」にして、ビーカーの1点に炎が当たるようにします。
▶必ず耐熱ガラス製のビーカーを使用しましょう。また、ビーカーにひびや欠けがないかを確認しましょう。
▶実験の前に、示温インクの色の変わり方（温度が上がると青色からピンク色になるなど）を説明しておきます。
▶かつおぶしやみそ、紅茶の葉やおがくずの動きなどでも、水の動きを見ることができます。
▶熱せられて色が変わった部分が上に動いたことで上の方が温まったことをしっかりととらえさせます。

第3章　理科重要観察・実験の指導法　4年生

実験4　空気のあたたまり方【ビーカーを使う場合】

❖ せんこうのけむりとビーカーを使って、空気のあたたまり方を調べます。

実験の準備・道具
・せんこう　・ビーカー　・アルミニウムはく　・実験用ガスコンロ　など

実験の手順
①ビーカーをアルミニウムはくでおおい、小さくあけたあなからせんこうのけむりを少しずつ入れます。

②せんこうのけむりを入れたビーカーを実験用ガスコンロであたため、けむりの動きを調べます。

実験の結果
せんこうのけむりは上へ動き、全体に広がる。

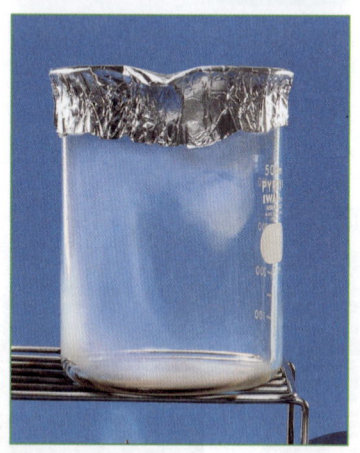

◆わかったこと
・あたためられた空気は上へ動き、やがて、空気全体があたたまっていく。
・空気のあたたまり方は、水のあたたまり方ににている。

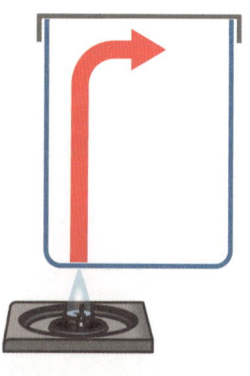

この実験のポイント
▶必ず耐熱ガラス製のビーカーを使用します。ひびや欠けがないかも確認します。
▶煙はあまり入れすぎないようにします。煙の出やすい線香と出にくい線香があるので、予備実験をして、どのくらいの時間煙をためればよいかを調べておくとよいでしょう。
▶煙を入れた後、間をおかずに加熱を始めます。
▶長時間、ビーカーを熱しないようにします。また、熱くなったビーカーを急に冷やすと割れることがあるので、冷めるまで待ってから片付けさせます。
▶煙の動きを見るときは、背景が黒いほうが観察しやすいです。

実験 5　空気のあたたまり方【電熱器を使う場合】

❖ せんこうのけむりと電熱器を使って、空気のあたたまり方を調べます。

実験の準備・道具
・温度計　・せんこう　・電熱器　など

実験の手順
① だんぼうしている教室などで、上の方の空気と下の方の空気の温度をはかり、記録します。

② 電熱器にせんこうのけむりを近づけて、けむりの動きを調べます。

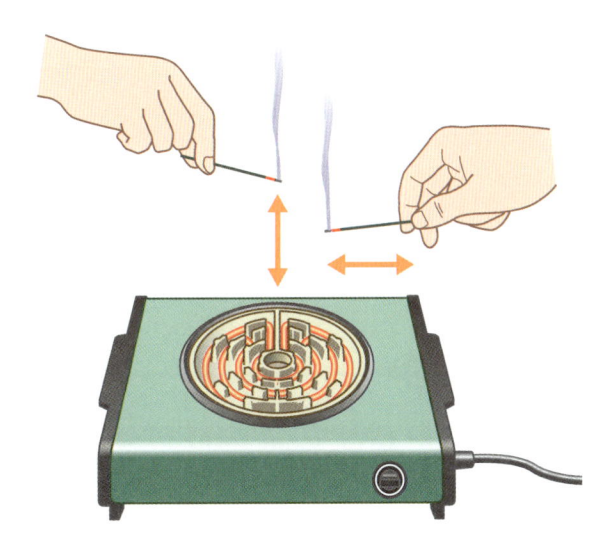

実験の結果

【だんぼうしている部屋の温度】（板書例）

上の方の温度	下の方の温度
℃	℃

【電熱器を使ったけむりの動き】
・けむりは、いきおいよく上へ上がった。

◆わかったこと
・あたためられた空気は上へ動き、やがて、空気全体があたたまっていく。
・空気のあたたまり方は、水のあたたまり方ににている。

この実験のポイント
▶ 高いところの温度をはかるときは、温度計の液だめを上に向かせないようにします。
▶ 煙の動きを見るときは、背景が黒いほうが観察しやすいです。

第3章 理科重要観察・実験の指導法 4年生

4 金属、水、空気と温度
水のすがた

実験

単元の概要

系統別領域　　　　　　　　　　　　　　　　　　　　　　A．物質・エネルギー

第3学年	第4学年	第5学年	第6学年	中　学
	(2)金属、水、空気と温度 ア　温度と体積の変化 イ　温まり方の違い **ウ　水の三態変化**			ウ　状態変化 (ア)　状態変化と熱 (イ)　物質の融点と沸点

学習のねらい

（2）金属、水、空気と温度
　金属、水及び空気を温めたり冷やしたりして、それらの変化の様子を調べ、金属、水及び空気の性質についての考えをもつことができるようにする。
ウ　水は、温度によって水蒸気や氷に変わること。また、水が氷になると体積が増えること。
（学習指導要領より）

コラム

湯気と水蒸気は違う！

❖ 湯気と水蒸気の違いがあいまいな児童や、湯気＝水蒸気だと勘違いしている児童がいます。写真や図などを使って、しっかりと区別して覚えさせましょう。

白く見える部分
湯気〈液体〉

目に見えない部分
水蒸気〈気体〉

沸騰している水から出る泡
水蒸気〈気体〉

水〈液体〉

湯気は、水蒸気が空気中で冷やされて、水になったものです。
　湯気は、空気中で再び水蒸気になり、目に見えなくなります。

58

実験 1　水を熱したときの変化

❖ 水を熱したときの、水のようすと温度の変わり方を調べます。

実験の準備・道具

・ビーカー　・温度計　・実験用ガスコンロ　・金あみ　・スタンド　・ふっとう石
・ストップウォッチ　など

実験の手順

① ビーカーに水とふっとう石を入れて、アルミニウムはくでふたをします。
② ビーカーの水面の位置に印をつけ、図のようにそうちを組み立てます。
③ 水を熱して、1分ごとに温度をはかり、水のようすを調べます。

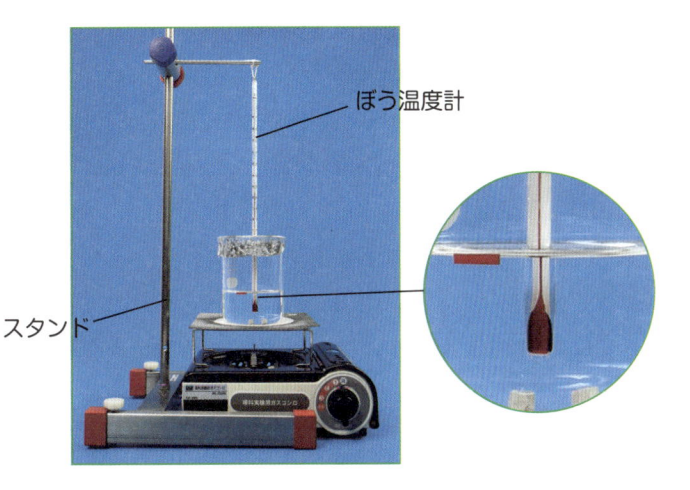

ぼう温度計
スタンド

実験の結果　（例）

熱した時間（分）	水の温度（℃）
0	16
1	22
2	34
3	48
4	60
5	68
6	78
7	89
8	94
9	96
10	98
11	98
12	98
13	98
14	98
15	98
16	98

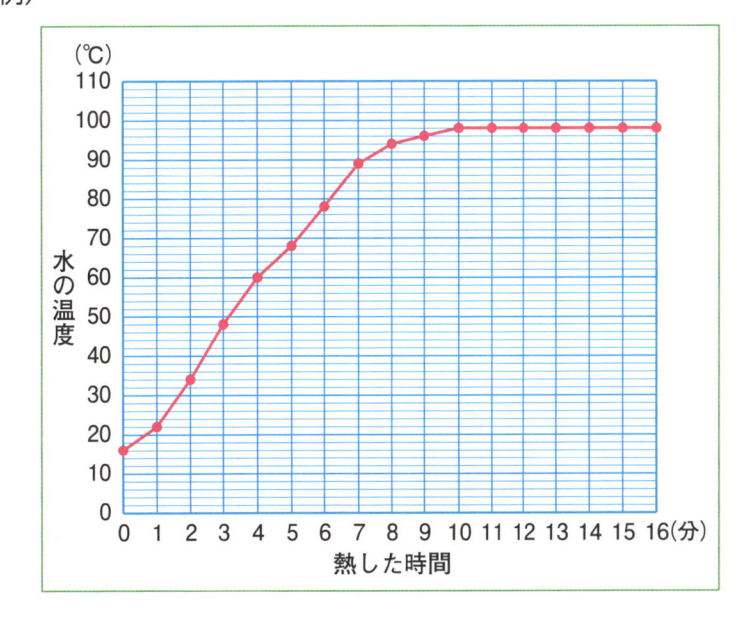

◆わかったこと

・水を熱して、水が100℃近くになると、水の中からさかんにあわが出てくる。これを「ふっとう」という。
・ふっとうした水をさらに熱しても、温度は変わらない。

この実験のポイント

▶ 初めの水の温度や水の量によって実験に必要な時間が変わってきます。予備実験をして確かめておきましょう。事前に少し湯を混ぜておくと、沸騰させるまでの時間を短縮できます。
▶ 温度計の液だめがビーカーの底につかないようにセットします。
▶ 温度計の上昇が止まってしばらくしたら、実験をやめさせます。

第3章　理科重要観察・実験の指導法　4年生

実験2　水を熱したときのあわの正体

❖ 水を熱したときに出てくるあわの正体を調べます。

実験の準備・道具
- ビーカー　・実験用ガスコンロ　・金あみ
- スタンド　・ふっとう石　・ろうと
- ポリエチレンのふくろ　・輪ゴム　など

実験の手順
①ポリエチレンのふくろをろうとの口につけて、輪ゴムでとめます。
②そうちを組み立てます。
③水面の位置に、印をつけます。
④水を熱して、出てきたあわをポリエチレンのふくろに集めます。

初めは、ふくろをしぼませておきます。

実験の結果
- ふっとうしているときに出てきたあわをふくろに集めると、ふっとうしている間はふくろがふくらんでいたが、熱するのをやめると、ふくろがしぼんでふくろの中に水がたまった。
- 水を熱し続けると、水の量がへった。

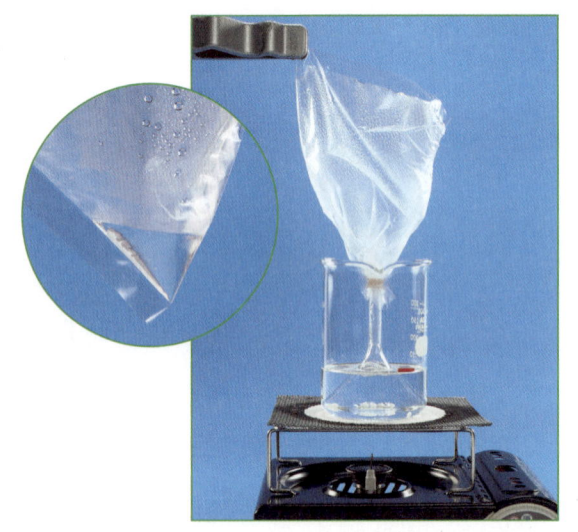

◆わかったこと
- ふっとうしている水の中から出てくるあわは、水があたためられて、目に見えないすがたに変わった水じょう気である。
- 水を熱すると、水がじょう発して水じょう気に変わり、空気中に出ていく。

この実験のポイント
▶ この実験は、水蒸気の正体を確かめる大事な実験です。あらかじめ予想を立てさせてから実験させること、また、結果からわかったことをしっかり考察させることが大切です。
▶ 「あわ」は空気だと予想する児童がほとんどなので、空気であれば結果がどうなるかをしっかり考えさせてから実験させます。
▶ ポリエチレンの袋が大きすぎたり、長い時間加熱したりすると、袋がとけることがあります。
▶ 湯気が水蒸気だと勘違いして覚える児童が多いです。湯気は目に見えているので、正体は水（液体）であることをしっかり確認させます。（58ページ参照）
▶ やかんの口から湯気が出ている様子を観察させ、口の近くの何も見えない部分が水蒸気（気体）であり、湯気として見えている部分は水（液体）であり、その先は再び水蒸気（気体）となって空気中に入り込むことを、しっかり確認させましょう。

実験 ③ 水を冷やしたときの変化

❖ 水を冷やしたときの、水のようすと温度の変わり方を調べます。

実験の準備・道具
・水　・ビーカー　・食塩をとかした水　・氷　・温度計　・試験管(2本)　・スタンド
・ストップウォッチ　・ストロー　・アルミニウムはく　など

実験の手順
① 2本の試験管に同じ量の水を入れます。1本には水面の位置に印をつけます。もう1本には、温度計を入れます。
② 2本の試験管をビーカーの中に立てて、氷を入れます。
③ 氷の上に水と食塩をまぜたものをかけます。
④ 2本の試験管を冷やしながら、水の温度と水のようすを調べて、記録します。

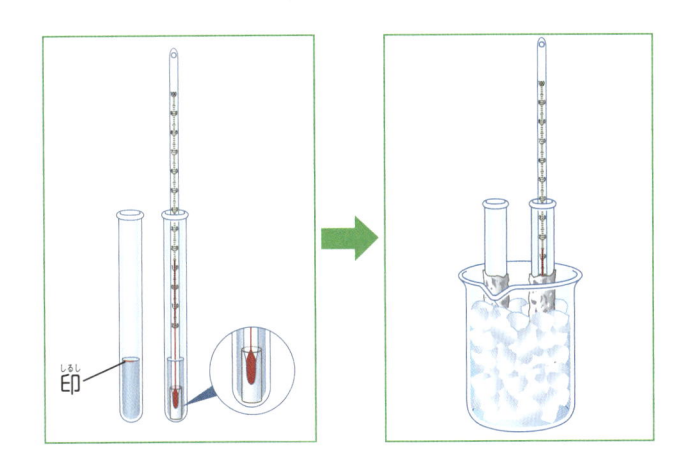

実験の結果

【水のようす】

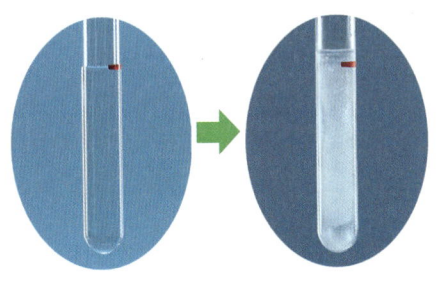

【水の温度の変わり方】（グラフ例）

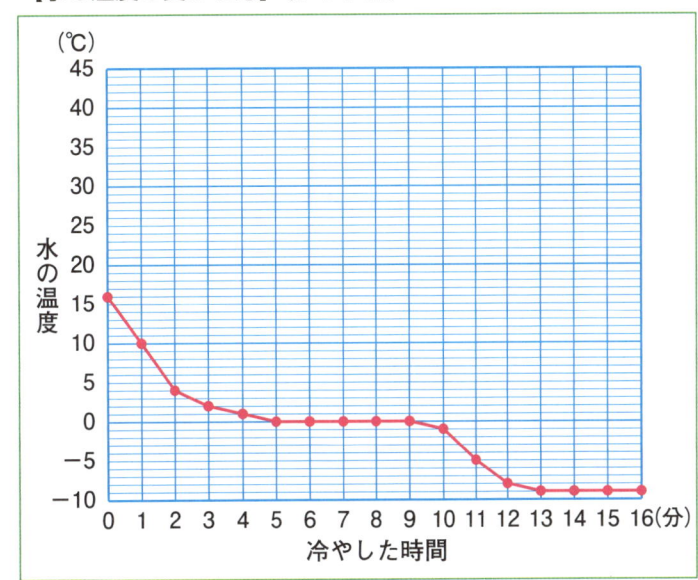

◆わかったこと
・水は0℃になるとこおり始める。全部の水が氷になるまで、温度は0℃のまま変わらない。
・全部の水が氷に変わると、0℃よりもさらに温度が下がる。
・水は、氷に変わると体積が大きくなる。

この実験のポイント ▶▶▶▶▶▶▶▶▶▶▶▶▶▶▶▶▶▶▶▶▶▶▶▶▶▶▶▶▶▶
▶水はあらかじめ0℃近くに冷やしておくと、比較的短い時間で実験することができます。
▶寒剤として使う氷は、砕いてあるものを使うと、温度が下がります。
▶水が凍らない場合、食塩の量が不足していることが考えられます。氷の上から食塩を追加してかけるとよいでしょう。
▶水は凍ると体積が増え、再び水に戻ると初めと同じ体積になることを確認させます。
▶水が0℃になっても凍らずに、液体のままで温度が下がり続けてしまうことがあります。これを「過冷却」といいます。児童を混乱させてしまうので、過冷却を起こさないようにします。水に刺激を与えると防止できるので、実験中は時々試験管を揺らして動かすようにさせましょう。

第3章 理科重要観察・実験の指導法 4年生

5 電気の働き
電気のはたらき

実験

単元の概要

系統別領域

A. 物質・エネルギー

第3学年	第4学年	第5学年	第6学年	中学
(5)電気の通り道 ア 電気を通すつなぎ方 イ 電気を通す物	(3)電気の働き ア 乾電池の数とつなぎ方 イ 光電池の働き	(3)電流の働き ア 鉄心の磁化、極の変化 イ 電磁石の強さ	(4)電気の利用 ア 発電・蓄電 イ 電気の変換 ウ 電気による発熱 エ 電気の利用	ア 電流 (ｱ) 回路と電流・電圧 (ｲ) 電流・電圧と抵抗 (ｳ) 電気とそのエネルギー (ｴ) 静電気と電流

学習のねらい

(3) 電気の働き
乾電池や光電池に豆電球やモーターなどをつなぎ、乾電池や光電池の働きを調べ、電気の働きについての考えをもつことができるようにする。
ア 乾電池の数やつなぎ方を変えると、豆電球の明るさやモーターの回り方が変わること。
イ 光電池を使ってモーターを回すことなどができること。

（学習指導要領より）

道具の使い方

検流計の使い方

道具の使い方

①けん流計の切りかえスイッチを「電磁石（5A）」の方にします。
②かん電池、モーターや豆電球、スイッチの間にけん流計をつなぎます。
③スイッチを入れて、はりのふれる向きと目もりを読みとります。
④けん流計のはりがしめす目もりの数字が、0.5より小さいときは、切りかえスイッチを「豆電球（0.5A）」の方にします。

けん流計

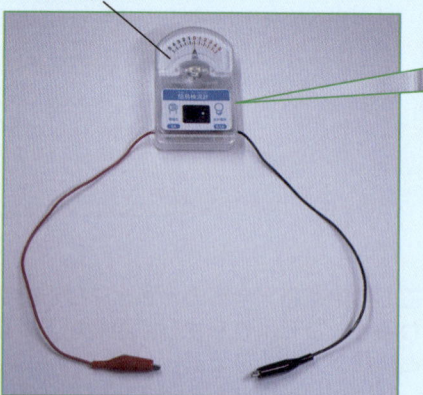

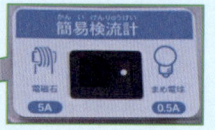

使うときの注意

けん流計は、かん電池だけをつないではいけません。けん流計がこわれることがあります。

ポイント

▶回路の輪の中に検流計を入れるようなイメージでつなげさせます。並列つなぎのときは、2本の乾電池をひとまとまりに考えるとつなげやすいでしょう。
▶誤ってショート回路にしてしまった場合、乾電池と導線をつないだところは発熱しやすいので、安全のため乾電池ボックスを利用して、マンガン乾電池で実験します。

実験 1　かん電池とモーターの回る向き

❖ かん電池の向きを変えたときの、モーターの回る向きを調べます。

実験の準備・道具
・かん電池　・モーター　・けん流計　・スイッチ
・どう線　・プロペラ　・かん電池ボックス　など

けん流計のはりのふれる向きを調べます。

モーターの回る向きを調べます。

実験の手順
①かん電池1こ、モーター、スイッチ、けん流計をどう線でつなぎます。
②電流を流して、モーターの回る向きとけん流計のふれる向きを調べます。
③かん電池の向きを反対にして、②と同じように調べます。

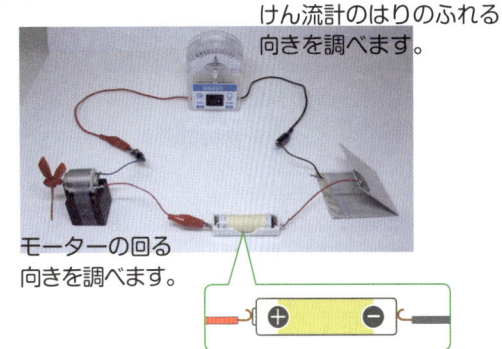

実験の結果　　（板書例）

モーターの回る向き	↻	↺
けん流計のはりのふれる向き	→	←

◆わかったこと
・かん電池の向きを変えると、モーターの回る向きが変わる。
・けん流計のはりのふれる向きも変わる。これは、かん電池の向きを変えると、回路に流れる電流の向きが変わるからである。

この実験のポイント
▶最初は検流計を使わずに乾電池の向きを変えるとモーターの回る向きが変わることを確認し、なぜ回る向きが変わるのかを考えさせた上で検流計を使って調べさせると、電流の流れる方向を意識するようになります。

実験 2　かん電池の数とモーターの回る速さ

❖ かん電池2こをモーターにつないで、モーターの回る速さを調べます。

実験の準備・道具
・かん電池2こ　・モーター　・スイッチ
・どう線　・プロペラ　・かん電池ボックス　など

実験の手順
①かん電池1こ、モーター、スイッチ、けん流計をどう線でつなぎ、モーターの回る速さを調べます。
②かん電池2こを使ってモーターを回し、かん電池1このときとモーターの回る速さをくらべます。

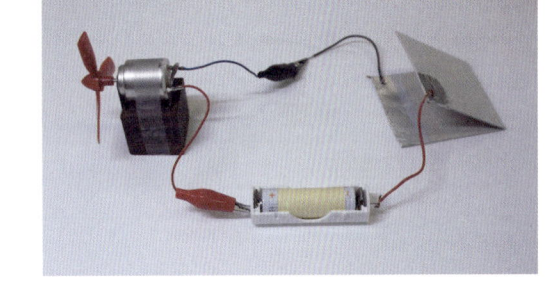

実験の結果　　（板書例）

つなぎ方	モーターの回る速さ
かん電池1こ	
かん電池2こ（直列）	かん電池1このときより速い。
かん電池2こ（並列）	かん電池1このときと同じ速さ。

◆わかったこと
・かん電池2このつなぎ方によって、モーターの回る速さがちがう。

この実験のポイント
▶乾電池1個のものも用意しておき、モーターの回る速さを比べられるようにします。

第３章　理科重要観察・実験の指導法　4年生

実験3　かん電池の数やつなぎ方とモーターの回る速さ

❖ かん電池の数やつなぎ方を変えて、モーターの回る速さと電流の強さとの関係を調べます。

実験の準備・道具
・かん電池2こ　・モーター　・けん流計　・スイッチ　・どう線　・プロペラ
・かん電池ボックス　など

実験の手順
①かん電池1こ、モーター、スイッチ、けん流計をどう線でつなぎ、モーターの回る速さと電流の強さを調べます。

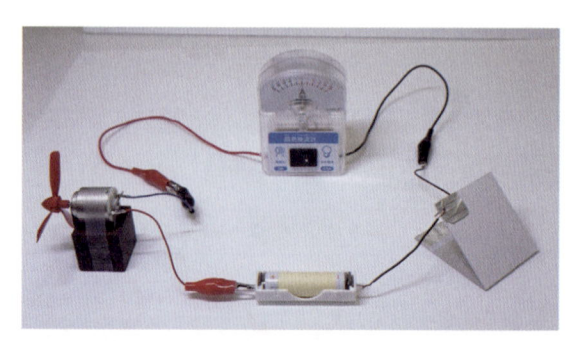

②かん電池2こを使ってモーターを回し、モーターの回る速さと電流の強さを調べます。

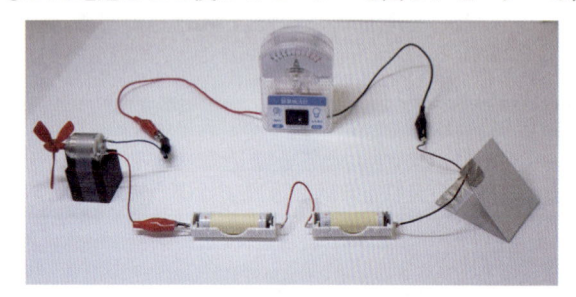

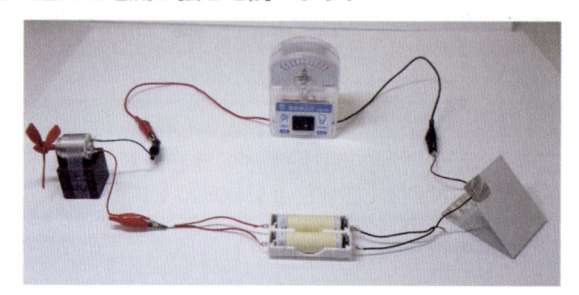

実験の結果　（板書例）

つなぎ方	モーターの回る速さ	電流の強さ
かん電池1こ		A
かん電池2こ（直列）	かん電池1このときより速い。	A
かん電池2こ（並列）	かん電池1このときと同じ速さ。	A

◆わかったこと
・かん電池2このつなぎ方によって、モーターの回る速さがちがう。これは、かん電池2このつなぎ方によって、回路に流れる電流の強さが変わるからである。
・かん電池2こをへい列につないだときは、かん電池1このときと同じ強さの電流が流れるので、モーターもかん電池1このときと同じ速さで回る。

この実験のポイント
▶前のページの「実験2」の続きとして、乾電池2個のつなぎ方によってモーターの回る速さが変わる理由が、回路に流れる電流の強さと関係があることを調べる実験です。
▶乾電池2個の並列つなぎがショート回路になっていないかどうかを確認させます。
▶回路の中では、種類の違う乾電池を混在させないようにします。

実験 ④ 光電池とモーターの回る速さ

❖ 光電池に日光を当てて、モーターの回り方と電流の強さを調べます。

実験の準備・道具
・光電池　・モーター　・けん流計　・どう線
・プロペラ　など

実験の手順
①光電池、モーター、けん流計をどう線でつなぎます。
②光電池に日光を当てて、モーターの回る速さや電流の強さを調べます。
③光電池への日光の当て方を変えて、モーターの回り方や電流の強さを調べます。

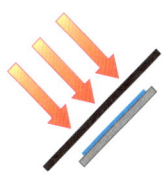

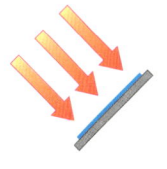

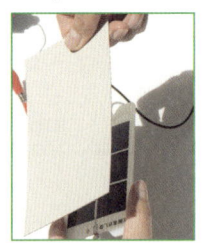

㋐日光をさえぎる。 　㋑日光を当てる。 　㋒日光がよく当たるようにする。

実験の結果　（板書例）

日光の当て方	モーターの回り方	電流の強さ
㋐ 日光をさえぎる。	モーターは回らない。	A
㋑ 日光を当てる。	モーターが回る。	A
㋒ 日光がよく当たるようにする。	モーターが㋑より速く回る。	A

◆わかったこと
・光電池に光を当てると、回路に電流が流れて、モーターが回る。
・光電池にたくさんの光を当てるほど、モーターはより速く回り、回路に流れる電流は強くなる。

この実験のポイント

▶光電池を丁寧に扱うように指導します。特に、光電池と導線をつなぐ部分を破損することが多いので、無理に導線を引っぱったり折り曲げたりしないように指導します。
▶壊れた光電池は有害なので、危険物として出さないようにします。

65

第3章 理科重要観察・実験の指導法 4年生

6 人の体のつくりと運動

人の体のつくりと運動

観察

単元の概要

系統別領域　　　　　　　　　　　　　　　　　　　　　　　　　B．生命・地球

第3学年	第4学年	第5学年	第6学年	中学
(1)昆虫と植物 ア　昆虫の成長と体のつくり イ　植物の成長と体のつくり	(2)人の体のつくりと運動 ア　骨と筋肉 イ　骨と筋肉の働き		(1)人の体のつくりと働き ア　呼吸 イ　消化・呼吸 ウ　血液循環 エ　主な臓器の存在	イ　動物の体のつくりと働き ㋐　生命を維持する働き ㋑　刺激と反応

学習のねらい

（1）人の体のつくりと運動
　人や他の動物の体の動きを観察したり資料を活用したりして、骨や筋肉の動きを調べ、人の体のつくりと運動とのかかわりについての考えをもつことができるようにする。
ア　人の体には骨と筋肉があること。
イ　人が体を動かすことができるのは、骨、筋肉の働きによること。

(学習指導要領より)

観察1　体を曲げることができる部分

❖ ほねときん肉のようすや、関節があるところを調べます。

観察の準備・道具
・記録カード　・図かん
・こっかくもけい　など

観察の手順
①自分の体を動かしたりさわったりして、ほねときん肉のようすを調べます。
②体を曲げることができる部分はどこかを調べます。

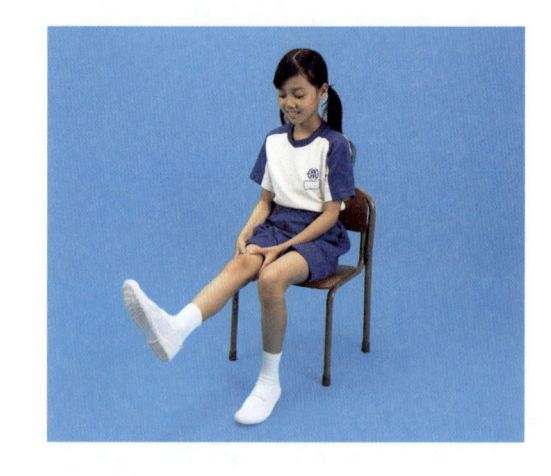

◆わかったこと
・人の体には、かたいほねとやわらかいきん肉がある。
・体にはほねとほねのつなぎめの関節があって、体は関節で曲げることができる。

この観察のポイント
▶必ず、自分の体を触って調べさせます。
▶あらかじめ、人の形をかいた記録カードを準備しておき、関節がある部分に○などの印を付けさせます。関節がたくさんある部分はどこか、関節がたくさんあることでどのような動きができるか（細かい動きができるなど）を考えさせるとよいでしょう。

観察 2　うでが動くときのしくみ

❖ どのようなしくみで、うでを曲げたりのばしたりしているのかを調べます。

観察の準備・道具
・記録カード　・図かん
・こっかくもけい　・重いもの
　　　　　　　　　　など

●曲げたとき　　　　　●のばしたとき

ちぢむ。　　　　　　　ゆるむ。

ゆるむ。　　　　　　　ちぢむ。

観察の手順
①自分のうでを曲げたりのばしたりしたときの、うでの内側と外側のきん肉のようすを調べます。
②力を入れたり重いものを持ったりしたときの、きん肉のかたさを調べます。

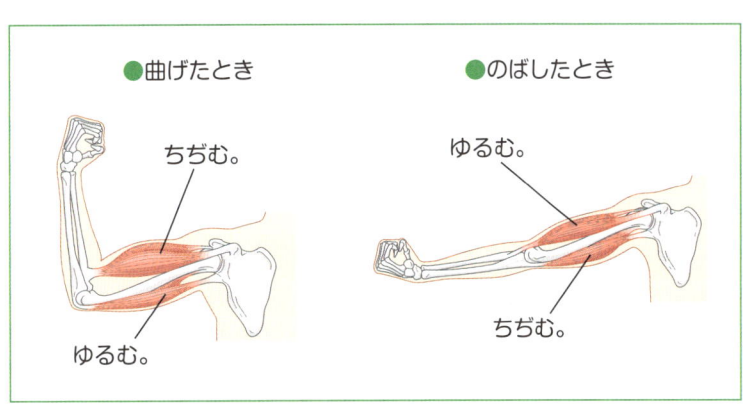

◆わかったこと
・うでは、きん肉がちぢんだりのびたりすることで、動かすことができる。
・力を入れたり、重いものを持ったりすると、きん肉はかたくなる。

この観察のポイント ▶▶▶▶▶▶▶▶▶▶▶▶▶▶▶▶▶▶▶▶▶▶▶▶▶▶▶▶▶▶▶▶

▶筋肉が縮んだり伸びたりすることで骨が動き、関節のところで体を動かすことができます。骨だけや筋肉だけでは体を動かすことができないことをしっかりと確認させます。
▶他の動物の体にも、人と同じように、骨と筋肉、関節があります。他の動物の体のつくりや動き方なども調べて、人と他の動物での共通点や相違点を考えさせるとよいでしょう。

コラム

骨の働き

❖ 体には、大人で約200個もの骨があり、様々な働きをしています。

①体を支える
　人は直立二足歩行をしますが、太い大腿骨や大きなかかとの骨、臓器や赤ちゃんを支える広い骨盤など、直立二足歩行ならではの特徴が見られます。

②筋肉と協同して体を動かす
　筋肉の両端は腱となって骨とつながっていて、筋肉と骨で体を動かしています。

③体の器官を守る
　頭の骨は柔らかい脳を守り、籠のような胸の骨は心臓や肺などを守っています。

④カルシウムを貯蔵する
　血液中のカルシウムが足りなくなると、骨に貯めてあるカルシウムが溶け出します。

⑤血液をつくる
　赤血球や白血球、血小板などの血液成分をつくります。

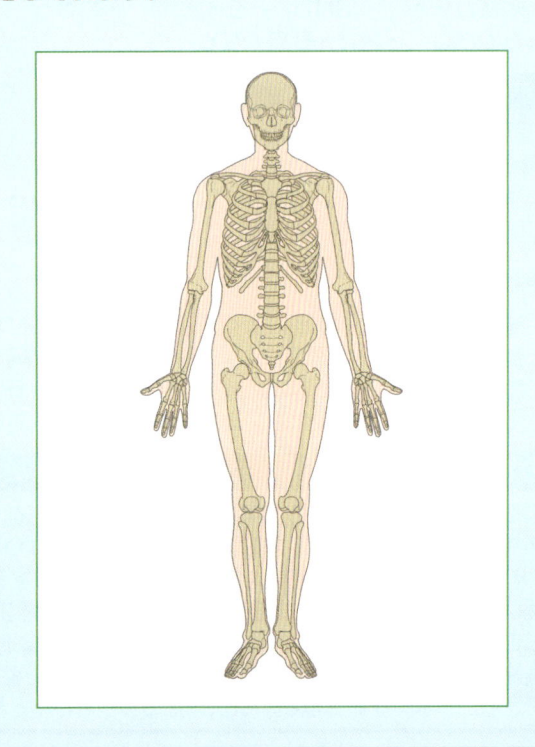

第3章 理科重要観察・実験の指導法 4年生

7 季節と生物
生き物の1年間　〔観察〕

単元の概要

系統別領域　B. 生命・地球

第3学年	第4学年	第5学年	第6学年	中　学
(1)昆虫と植物 ア　昆虫の成長と体のつくり イ　植物の成長と体のつくり	(2)季節と生物 **ア　動物の活動と季節** **イ　植物の活動と季節**	(1)植物の発芽、成長、結実 ア　種子の中の養分 イ　発芽の条件 ウ　成長の条件 エ　植物の受粉、結実		ウ　植物の仲間 (ｱ)　種子植物の仲間 (ｲ)　種子をつくらない植物の仲間

学習のねらい

(2) 季節と生物
　身近な動物や植物を探したり育てたりして、季節ごとの動物の活動や植物の成長を調べ、それらの活動や成長と環境とのかかわりについての考えをもつことができるようにする。
ア　動物の活動は、暖かい季節、寒い季節などによって違いがあること。
イ　植物の成長は、暖かい季節、寒い季節などによって違いがあること。

（学習指導要領より）

観察① 生き物の1年間のようす

❖ 1年を通して、生き物の成長や活動のようすを調べます。

観察の準備・道具
・観察カード　・温度計　・虫めがね　・カメラ
・ものさし　・色えんぴつ　など

観察の手順
①観察の計画を立てます。
②調べたことを観察カードにまとめます。
③季節ごとに、生き物のようすはどのように変わっていくかを調べます。

◆**わかったこと**
・植物はあたたかい季節によく成長し、寒い季節になるとたねを残してかれたり、冬をこしたりする。
・動物はあたたかい季節によく活動して、寒い季節になると活動がにぶくなり、あまり見られなくなる。たまごやよう虫、さなぎ、成虫のそれぞれに合ったすがたで冬をこしたり、死んでしまったりする。
・生き物のようすの変化は、季節の変化と関係している。

この観察のポイント ▶▶▶▶▶▶▶▶▶▶▶▶▶▶▶▶▶▶▶
▶校庭の木（サクラなどの広葉樹）の枝に自分の名前を書いたビニルテープを目印として巻き付けさせると、1年を通して愛着を持って木の変化を追うようになります。
▶1年を通して昆虫等を定期的に観察できる草むらを確保しておきます。
▶長い期間にわたる観察になるので、意欲を持続させる工夫が必要です。観察カードをいつでもかけるように用意しておき、授業時間以外でも気付いたときにかかせたり、気付きを発表させたりする時間を日常的にとるとよいでしょう。
▶最終的に、3学期に1年間の様子（春夏秋冬）をまとめて考えさせます。そのときに使えるように、それぞれの季節で定点から写真を撮影しておくと、季節の移り変わりと植物や動物の様子の変化の関係をまとめる手助けになります。

観察 ❷ 育てている植物の1年間のようす

❖ 植物をさいばいして、季節と植物の成長のようすを調べます。

観察の準備・道具
・植物のたね（ヘチマ、ヒョウタン、ツルレイシなど）　・ビニルポット　・し柱（またはネット）
・虫めがね　・観察カード　・ものさし　・まきじゃく　・色えんぴつ　・温度計　など

観察の手順
① ビニルポットなどに植物のたねをまきます。
② 1～2週間ごとに、植物のようすと気温を調べて、記録します。
③ 葉が3～4まいになったら、花だんなどに植えかえます。
④ くきの高さが20cmぐらいになったら、し柱を立てたりネットをはったりします。
⑤ 育てている植物のくきの長さと気温を調べます。
⑥ 葉の茂り方や花のようすなどを調べます。
⑦ 実の大きさや色などを調べます。
⑧ 記録をまとめます。

観察の結果
・夏は、春のころとくらべて、気温が高くなった。
　植物はくきがよくのびたり、葉の数がふえたりしている。さいている花もある。
・秋は、夏のころとくらべて、気温が低くなった。
　植物のくきはほとんどのびていない。葉やくきの色が変わっている。実は花がかれた後にできている。
・冬は、秋のころとくらべて、さらに気温が低くなった。
　植物はかれたが、実の中にたねを残している。

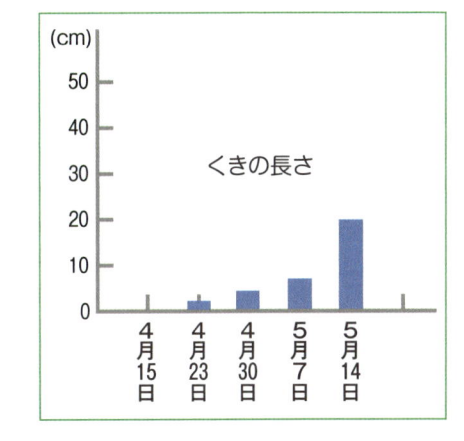

くきの長さ (cm)
日付	4月15日	4月23日	4月30日	5月7日	5月14日

（例）

	春（18℃）	夏（28℃）	秋（20℃）	冬（7℃）
ヘチマのようす	ヘチマのたねをまいた。子葉と葉が出てきた。	くきや葉がよく育っている。花がさいている。	実が大きくなった。くきや葉はかれはじめた。	葉やくきはかれた。実の中に黒いたねがある。

◆わかったこと
・植物はあたたかくなるとよく成長し、寒い季節には成長が止まって、かれてしまう。
・植物のようすの変化は、気温の変化と関係している。

この観察のポイント
▶ヘチマやツルレイシなどのウリ科の植物は、連作するとうまく育たないとも言われています。棚の設置等の都合で同じ場所で続けて栽培する場合には、土に石灰や堆肥を十分に蒔き、よく耕すとよいでしょう。
▶支柱や棚の高さが高すぎると観察しにくいので、配慮します。
▶定期的な観察記録から、そのときの気温との関係性を意識させるようにします。

第3章 理科重要観察・実験の指導法 4年生

8 天気の様子
天気と1日の気温

観察

単元の概要

系統別領域　　　　　　　　　　　　　　　　　　　　　　　　　　　　　B．生命・地球

第3学年	第4学年	第5学年	第6学年	中　学
(3)太陽と地面の様子 ア　日陰の位置と太陽の動き イ　地面の暖かさや湿り気の違い	(3)天気の様子 ア　天気による1日の気温の変化 イ　水の自然蒸発と結露	(4)天気の変化 ア　雲と天気の変化 イ　天気の変化の予想		ア　気象観測 イ　天気の変化 ウ　日本の気象

学習のねらい

（3）天気の様子
　1日の気温の変化や水が蒸発する様子などを観察し、天気や気温の変化、水と水蒸気との関係を調べ、天気の様子や自然界の水の変化についての考えをもつことができるようにする。
　ア　天気によって1日の気温の変化の仕方に違いがあること。

（学習指導要領より）

成功のコツ

天気の決め方

「晴れ」または「くもり」の天気は、雲の量で決めています。
空全体を10として、0〜8であれば「晴れ」、9〜10は「くもり」になります。
「雨」または「雪」は、雲の量には関係はありません。雨がふっているときは「雨」、雪がふっているときが「雪」になります。

雲の量…0 　　　　　　　　雲の量…5 　　　　　　　　雲の量…10

ポイント
▶晴れとくもりの基準にばらつきが出ないように、クラスで天気の決め方を共有させましょう。

観察 1 　天気と1日の気温の変化

❖ 天気によって、1日の気温の変化にちがいがあるかどうかを調べます。

観察の準備・道具

・温度計　・おおい　・記録ノート　など

観察の手順

①気温を正しくはかるためのじょうけんをかくにんします。

日光	日光が直せつ当たらないところ
風	風通しがよいところ
地面からの高さ	地面から1.2m～1.5mのところ

②晴れの日とくもりや雨の日に、1時間ごとに気温と天気を調べて記録します。
③記録した気温を折れ線グラフで表します。

観察の結果　（グラフ例）

●晴れの日の1日の気温の変化

●くもりや雨の日の1日の気温の変化

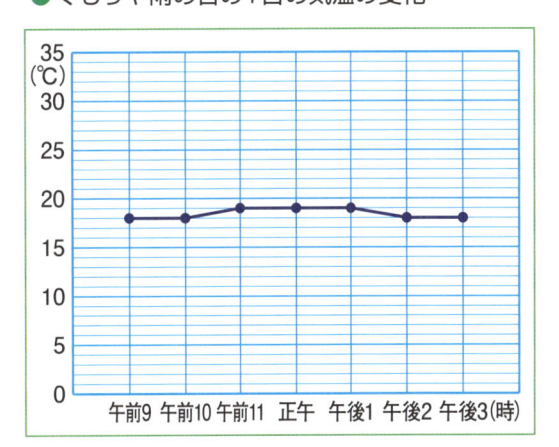

◆わかったこと

・晴れの日の気温は、朝や夕方は低く、昼すぎにもっとも高くなり、1日の気温の変化が大きい。
・くもりや雨の日は、日光が雲でさえぎられるので、1日の気温の変化が小さい。
・天気によって、1日の気温の変化のしかたはちがう。

この観察のポイント

▶天気予報をよく調べて、晴れの日は、曇りの時間帯がなく一日中よく晴れると予想される日に測定を行うようにします。
▶気温を測定する日は、黒板に1時間ごとの気温をずっと書いておきます。そうすることで、1日の気温の変化を全員に意識させることができます。（折れ線グラフは、理科の授業でかかせます。）
▶事前に、気温がいちばん高くなる時刻を予想させることで、正午を過ぎて気温が高くなることを印象付けさせます。そして、1日の気温を調べた後、晴れの日はなぜ午後2時ごろの気温がいちばん高くなるのか、理由を考えさせます。そうすると、調べ学習につながります。

第3章　理科重要観察・実験の指導法　4年生

9 天気の様子　自然の中の水　[実験]

単元の概要

系統別領域　B．生命・地球

第3学年	第4学年	第5学年	第6学年	中学
(3)太陽と地面の様子 ア 日陰の位置と太陽の動き イ 地面の暖かさや湿り気の違い	(3)天気の様子 ア 天気による1日の気温の変化 **イ 水の自然蒸発と結露**	(4)天気の変化 ア 雲と天気の変化 イ 天気の変化の予想		ア 気象観測 イ 天気の変化 ウ 日本の気象

学習のねらい

（3）天気の様子
　1日の気温の変化や水が蒸発する様子などを観察し、天気や気温の変化、水と水蒸気との関係を調べ、天気の様子や自然界の水の変化についての考えをもつことができるようにする。
イ　水は、水面や地面などから蒸発し、水蒸気になって空気中に含まれていくこと。また、空気中の水蒸気は、結露して再び水になって現れることがあること。

（学習指導要領より）

実験1　水のじょう発

❖ 水は、ふっとうしなくても、自然にじょう発するのかを調べます。

実験の準備・道具
・ビーカーなどの入れ物　・輪ゴム
・ラップフィルム　・油性ペン

実験の手順
① 2つのビーカーに同じ量の水を入れ、水面の位置に油性ペンで印をつけます。
② 一方のビーカーに、ラップフィルムでふたをします。
③ 2つのビーカーを日光によく当たるところに置きます。
④ 3～4日後に、水の量の変化をくらべます。

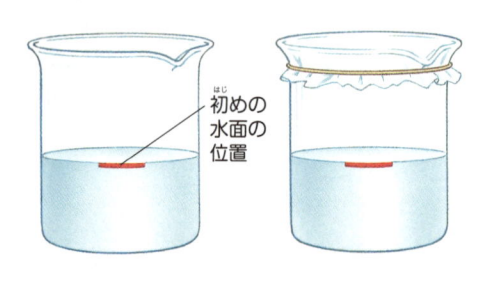

初めの水面の位置

実験の結果　（板書例）

	水の量の変化やそのほかのようす
おおいをしないビーカー	水の量が少なくなっていた。
おおいをしたビーカー	水の量はほとんど変わらなかった。ラップフィルムの内側に水てきがついていた。

◆わかったこと
水は、ふっとうしなくても、表面から自然にじょう発する。

この実験のポイント
▶ 天気予報を調べて、晴れの日が続くときに実験をします。
▶ ビーカーは、日中ずっと建物の影に入らず、児童の活動の妨げにならないところに置きます。「実験中」などと表示しておくとよいでしょう。

実験 ② 空気中の水じょう気

❖ 空気中には水じょう気があるのかを調べます。

実験の準備・道具
・びんやコップなどの入れ物
・氷水　・タオル　など

実験の手順
①びんに氷水を半分くらいまで入れます。
②氷水を入れたびんの外側に水てきがつくかどうかを調べます。
③教室のほかにもいろいろな場所に氷水の入っているびんを持っていき、びんの外側に水てきがつくかどうかを調べます。

実験の結果　（板書例）

調べたところ	教室	ろう下	げんかん	校庭
外側に水てきがついたか	ついた。	ついた。	ついた。	ついた。

◆わかったこと
どの場所の空気の中にも、水じょう気がふくまれている。

この実験のポイント
▶実験の結果がどうなったときに空気中に水蒸気があると言えるのかを、しっかりと確認させてから実験を行うようにさせます。
▶調べる場所を変えるときは、びんを乾いたタオルで拭いて水滴を取り除いてから、表面の様子を調べるようにさせます。

成功のコツ

日常で見られる蒸発と結露

●水溜まりの水がなくなる。

●冬、窓ガラスに水滴がつく。

　水が水面や地面から蒸発することや、空気中の水蒸気が冷やされて水に戻ることは、日常生活の中でも身近に見られる現象です。どんな現象があるかを思い出させるとよいでしょう。
　また、どうしてそのような現象が見られたのかも考えさせると、思考力を高めることができます。その現象が「何が」「どうなったことによって」「どうなったから起きた」ということを説明できるようにさせましょう。

第3章 理科重要観察・実験の指導法 4年生

10 月と星

月と星

観察

単元の概要

系統別領域　B. 生命・地球

第3学年	第4学年	第5学年	第6学年	中学
(3)太陽と地面の様子 ア　日陰の位置と太陽の動き イ　地面の暖かさや湿り気の違い	(4)月と星 ア　月の形と動き イ　星の明るさ、色 ウ　星の動き		(5)月と太陽 ア　月の位置や形と太陽の位置 イ　月の表面の様子	イ　太陽系と恒星 (ｱ)　太陽の様子 (ｲ)　月の運動と見え方 (ｳ)　惑星と恒星

学習のねらい

（4）月と星
　月や星を観察し、月の位置と星の明るさや色及び位置を調べ、月や星の特徴や動きについての考えをもつことができるようにする。
ア　月は日によって形が変わって見え、1日のうちでも時刻によって位置が変わること。
イ　空には、明るさや色の違う星があること。
ウ　星の集まりは、1日のうちでも時刻によって、並び方は変わらないが、位置が変わること。
　　　　　　　　　　　　　　　　　　　　　　　　　　　　　　　　　　　　　（学習指導要領より）

コラム

月と星の観察

❖ 月や星の観察は、児童の下校後に行うことになります。観察の仕方や観察カードのかき方などを日中の授業でしっかりと確認させておき、観察がスムーズに行えるようにしましょう。

▶ 下校後の観察になるので、保護者の協力が不可欠です。観察の目的や日時等をあらかじめ文書で配布し、協力を依頼します。交通量の多い場所や児童1人での観察を行わないよう、家庭でも安全確保に十分留意してもらいましょう。

▶ 方位磁針や星座早見などの使い方を確認させます。3年生や夏の星の観察のときにも学習していますが、忘れてしまっている児童もいます。繰り返し指導することで、使い方を定着させます。

▶ 観察カードにかききれなくなったときは、家庭にある紙などをつけ足して記録するように指導します。

▶ 半月を観察させるときは、月の傾きにも注目させます。

▶ 児童によって、月の見える方位や高さの結果に違いが出ます。違いを気にする児童もいますが、全体としての動きの特徴をとらえるようにさせます。

▶ 天候などの事情により、予定していた観察が行えないことも考えられます。そのようなときは、月や星の動きのシミュレーションソフトなどを積極的に活用し、観察を補いましょう。

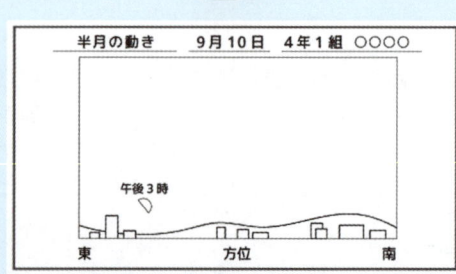

観察 ① 月の動き

❖ 月は、時こくとともに、どのように動くのかを調べます。

観察の準備・道具
・観察ボード　・記録カード　・時計　・方位じしん　・かいちゅう電灯　など

観察の手順

【半月の動き】
①観察する場所を決めます。建物や電線など動かないものを目印として決めます。
　同じ場所でくり返して観察するので、立つ位置に印をつけます。
②午後3時ごろに半月の見える位置（方位と高さ）を調べて記録します。
③②と同じ場所で、1時間ごとに、半月の見える方位と高さを調べて記録します。②と同じ記録カードに続けてかき入れていきます。

【満月の動き】
①観察する場所を決めます。建物や電線など動かないものを目印として決めます。
②午後7時ごろに満月の見える位置（方位と高さ）を調べて記録します。
③②と同じ場所で、1時間ごとに、満月の見える方位と高さを調べて記録します。

観察の結果
・半月も満月も、時間がたつと、見える位置が変わる。
・半月も満月も、東のほうから南のほうへと、高くなりながら動いている。

◆わかったこと
・月は、太陽と同じように東からのぼって南の空を通り、西にしずむ。
・半月や満月など、見える形が変わっても、月の動きは同じである。

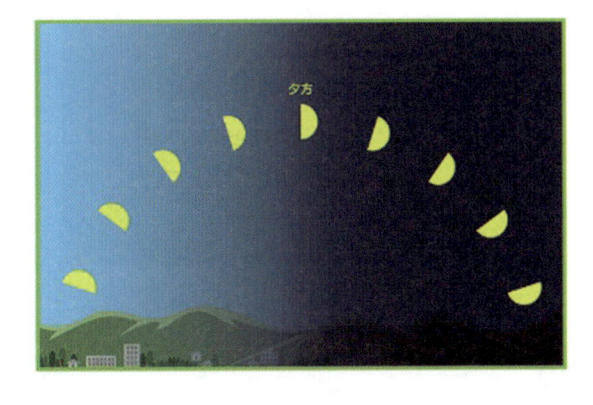

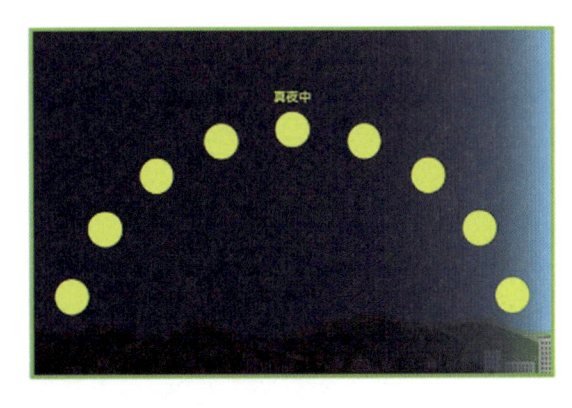

この観察のポイント ▶▶▶▶▶▶▶▶▶▶▶▶▶▶▶▶▶▶▶▶▶▶▶▶▶▶▶▶▶▶▶
▶月齢カレンダーがあれば、教室に掲示するとよいでしょう。
▶事前に月齢を調べておき、観察できる日を考えておきます。（天気によって左右されるので注意します。）
▶満月の観察は夜間になるので、保護者の協力を求め、できる範囲で行わせます。
▶午後から夜に渡って観察させるには、月齢が5～10のときが適当です。（その場合、夜の観察活動が大切なので、各家庭に協力をお願いしておきます。）月齢が20～25のときには、朝～午前中に月を観察させることができます。昼間に見える月をクラス全員で観察して記録させることで、方位・高さ・目印などの重要さに気付かせることができます。

第3章　理科重要観察・実験の指導法　4年生

観察2　星の明るさと色

❖ 星によって、明るさや色がちがうのかを調べます。

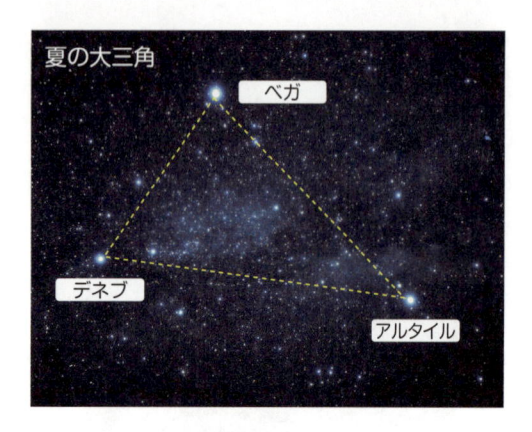

夏の大三角
ベガ
デネブ
アルタイル

さそりざ
★ 1等星
・ 2等星
・ 3等星以下

観察の準備・道具
・星ざ早見　・観察ボード　・記録カード　・時計
・方位じしん　・かいちゅう電灯　など

観察の手順
①方位を方位じしんでかくにんします。
②じっさいの夜空と星ざ早見を見くらべながら、夏の大三角やさそりざをさがします。
③夏の大三角やさそりざの星を観察して、明るさや色にちがいがあるかを調べて記録します。

観察の結果
・夏の大三角の星は、東の空で明るく見えている。
・さそりざのアンタレスは、赤い色をしている。

◆わかったこと
・星の明るさは、星によってちがいがある。
・星の色は、星によってちがいがある。
・星は、明るいものから順に1等星、2等星、3等星…と分けられている。
・夏の大三角の星（デネブ、アルタイル、ベガ）は1等星である。

アンタレス
赤い色の星

この観察のポイント
▶星の観察は、月明かりの少ない三日月や新月のときに行えるよう計画するとよいです。
▶ビデオ教材や、プラネタリウムの活用も効果的です。
▶1等星の見え方を教室でしっかり教えておき、家で観察させるようにします。夜間の観察になるので、保護者と一緒に観察するよう指導し、事前に各家庭に協力をお願いしておきます。
▶夏の大三角は、教科書の写真でイメージするよりだいぶ大きいです。三角形のいちばん長い辺は、手をのばしたときの「にぎりこぶし」の4つ分くらいです。
▶外に出たら5分間くらいは空を見て、暗さに目が慣れて星が見えるようになるのを待ちます。
▶有名な星座名と星の並びは画用紙に描き写して教室内に掲示しておき、意識させるとよいでしょう。星の名前の由来や星座の伝説を話すことで、児童の興味や関心が高まります。

観察 ③ 星の動き

❖ 時間がたつと、星の位置やならび方がどのように変わるのかを調べます。

観察の準備・道具
・星ざ早見　・観察ボード　・記録カード　・時計　・方位じしん　・かいちゅう電灯　など

観察の手順
① 夏の大三角や、はくちょうざなど、観察する星や星ざを決めます。
② 方位を方位じしんでかくにんします。
③ じっさいの夜空と星ざ早見を見くらべながら、①で決めた星や星ざをさがします。
④ ①で決めた星や星ざの位置と星のならび方を調べて記録します。
⑤ 1～2時間後にも同じ場所に立って、星や星ざの位置と星のならび方を調べて記録します。

◆わかったこと
・時間がたつと、星の見える位置は変わる。
・時間がたっても、星のならび方は変わらない。

この観察のポイント
▶ 観察する代表的な星座や星の集まりを決めておき、時間ごとに位置が変わる様子を観察させます。
▶ 7月頃と9月頃では、同じ時刻でも夏の大三角の見える位置や三角形の傾きが違います。あらかじめ星座早見等で見え方を確認してから観察させるとよいでしょう。

道具の使い方

星座早見の使い方

道具の使い方
① 時こく板を回しながら、観察する月日と時こくの目もりを合わせます。
② 見たい方位を下にします。
③ じっさいの夜空と星ざ早見を見くらべながら、星や星ざを見つけます。

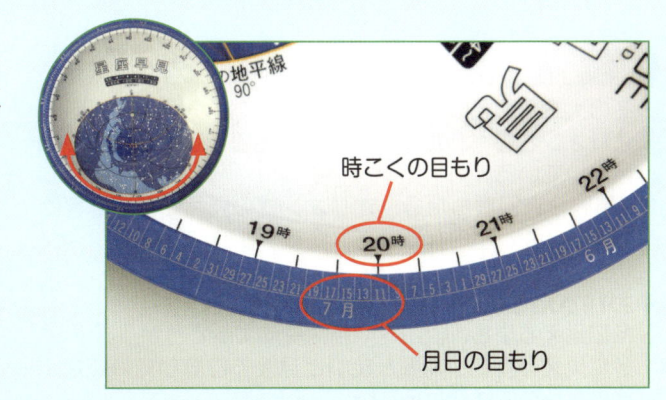

ポイント
▶ 野外で星座早見を使うためには、教室で使い方の練習を十分に行うことが必要です。教室内で、東西南北のそれぞれの方向を向かせ、星座早見の方位の文字を下にして星座を見つける練習をさせます。
▶ 目盛りの合わせ方は、実物投影機を使って拡大して説明すると効果的です。
▶ 野外で観察する際は、目盛りを合わせるのに懐中電灯等の明かりが必要になるので、忘れずに持って行かせましょう。
▶ スマートフォンのアプリで星座の位置を調べる方法もあります。

第3章　理科重要観察・実験の指導法　4年生

観察 4　冬の星

❖ 冬に見える星の明るさや色と、星の動きについて調べます。

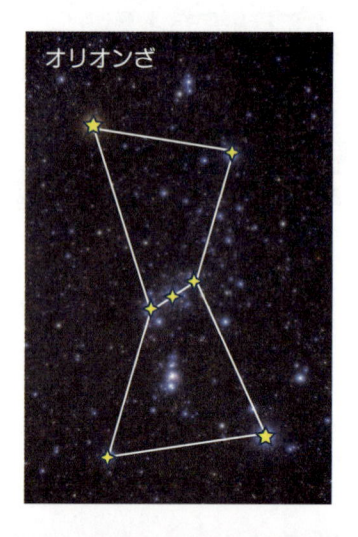

観察の準備・道具

・星ざ早見　・観察ボード　・記録カード　・時計
・方位じしん　・かいちゅう電灯　など

観察の手順

① 方位を方位じしんでかくにんします。
② じっさいの夜空と星ざ早見を見くらべながら、冬の大三角やオリオンざをさがします。
③ 冬の大三角やオリオンざの星を観察して、明るさや色にちがいがあるかを調べます。
④ オリオンざの見える位置と星のならび方を調べて記録します。
⑤ 1～2時間後にも同じ場所に立って、オリオンざの見える位置と星のならび方を調べて記録します。

観察の結果

・冬の大三角の星は、南東の空で明るくかがやいている。
・オリオンざのベテルギウスは赤い色で、リゲルは青白い色をしている。
・2時間後に観察したら、オリオンざの見える位置は変わっていたが、星のならび方は変わっていなかった。

◆わかったこと
・冬に見える星も、明るさや色は星によってちがう。
・冬に見える星も、時間がたつと見える位置が変わるが、星のならび方は変わらない。

この観察のポイント ▶▶▶▶▶▶▶▶▶▶▶▶▶▶▶▶▶▶▶▶▶▶▶▶▶

▶ 前回までの観察と同様に、観察する際の注意事項を確認させるとともに、防寒の備えも十分するように指導します。
▶ 冬の大三角を探すのは、星が3つ並んでいるオリオン座を手がかりにする方法と、夜空でいちばん明るいシリウスを初めに見つける方法の2つがあります。
▶ 冬は日没が早く、空気が澄んでいるので、星空観察に適しています。また、明るい1等星も多いので、町中でも星座観察が楽しめる良さがあります。
▶ 季節によって見える星座が異なりますが、時間がたてば移動することや星の並び方は変わらないことは同じであることに気付かせます。

コラム

星の見え方と星座

❖ 星の写真と星座図を合わせた資料があると，星座をイメージしやすくなります。

夏の星座

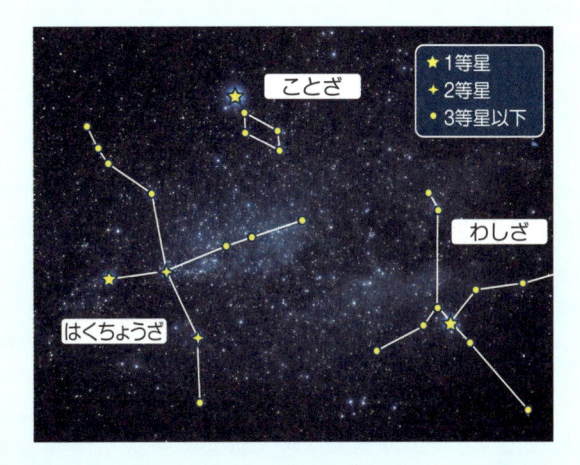

★ 1等星
✦ 2等星
• 3等星以下

ことざ
はくちょうざ
わしざ

さそり座

★ 1等星
✦ 2等星
• 3等星以下

冬の星座

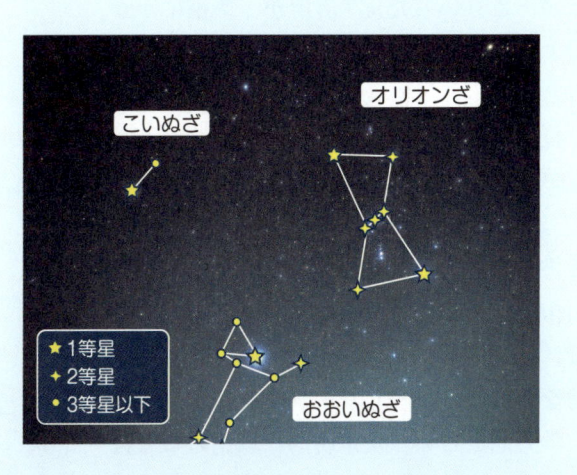

オリオンざ
こいぬざ
おおいぬざ

★ 1等星
✦ 2等星
• 3等星以下

第4章　ICTを活用した資料提示のコツ

1．授業でのICT活用は資料の拡大提示から

　現在、授業で最も行われているICT活用は、教師による教科書などの「拡大提示」である（高橋ら 2009）。さらに具体的にいえば、教科書の中でも、写真、図やグラフといった本書で扱うような資料が最も多く拡大提示されている（図1）。

　拡大提示は「映す内容を提供するICT」と「大きく提示するICT」の組み合わせで行われる（図2）。この際、電子黒板といった大きく映す機器も大事であるが、より重要なのは画面に映す内容である。これは、テレビに例えるとわかりやすい。受信機器であるテレビが、4Kで高画質であるとか、録画ができて多機能であるといったことも大事であるが、やはり、面白い映画が観られるとか、最新のニュースが見られるといった映される内容によって、テレビが楽しく有意義なものになる。映す内容の方がより重要なのである。本書でも映す内容を扱っている理由はここにある。

　このようなICT活用は、現在では様々な学校で行われているが、富山市を例にあげたい。図3は、富山市の全ての小学校においてICTが活用された年間の総授業時間数を表したものである。市内には65校の小学校があり、約1200名の教師が勤務している。年々ICTを活用した授業時間数は増えており、平成26年度は約20万時間の活用が行われている。この結果から、富山市では、既に多くの教師が日常的にICTを活用していると考えられるだろう。ICT活用が普及した理由には、資料などの拡大提示をICT活用の中心に据え、そのためのICT機器を常設し、教員研修を行ったことがあげられる。そして多くの教師が、こういったICT活用が、準備にかかる手間よりも得られる効果が大きいと感じているからといえる。単に教科書や資料集の内容を口頭で説明するよりも、グラフを大きく映し、子どもの視線を集中させ、「ココを見て」とか、「ココを比べて」と話した方が格段によく伝わる。板書や掛図の効果と似ている。

　富山市の例のような持続可能性の高いICT活用とは、「効果的」「簡単」の重なりにある（図4）。効果的なだけでは持続しない。そして、「効果的」とは、学力向上といった最終的な成果のことばかりを指すのではない。教師の説明がわかりやすくなるとか、子どもが集中するといったこと

図1　授業でのICT活用は、資料の拡大提示から

図2　拡大提示は「映す内容」と「大きく映す機器」の組み合わせ

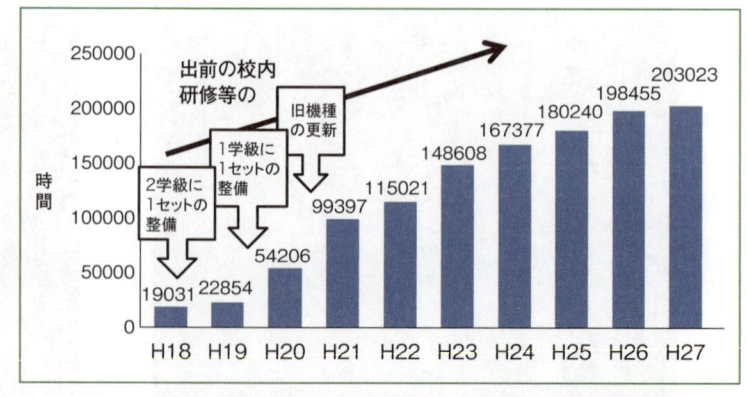

図3　富山市におけるICTが活用された年間の総授業時間数

も効果である。また「簡単」とは、操作が簡単といったことだけではない。機器が教室に常設されているとか、教材作成や準備の手間が少ないとか、授業に簡単に組み込めるとか、そういったことも含めた簡単さである。

本書が提案しているICTによる資料の拡大提示は、最も効果的で簡単な方法であり、各地で日常化している方法である。それでもわずかに残る教材作成の手間、授業に簡単に組み込みにくいこともあるといった問題点を、ベテラン教師がノウハウを注ぎ込むことで解決を試みている。多くの教師の皆様に、最初に取り組んでほしいICT活用である。また、このように敷居の低いICT活用であるが、板書や掛図のような効果が得られることから、持続可能性が高く、さらに時代が進みタブレットPCの活用が当たり前になっても、ずっと必要とされる方法なのである。

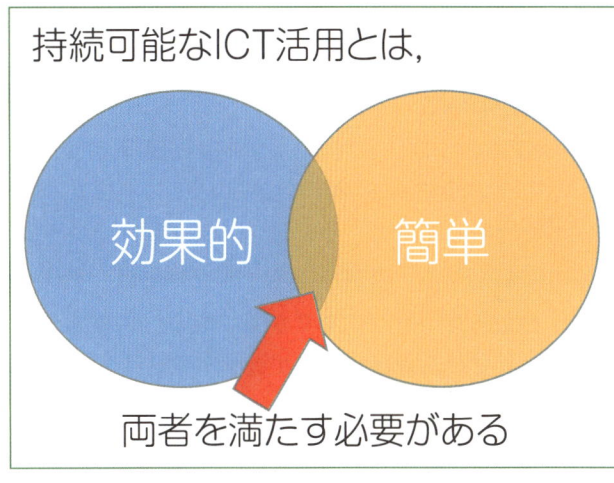

図4　持続可能性の高いICT活用のポイント

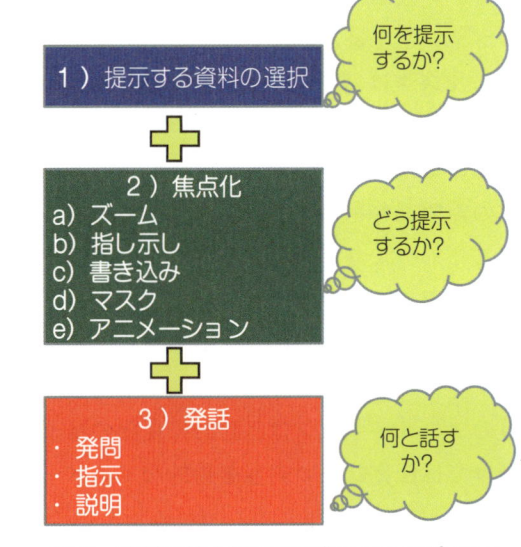

2．資料を拡大提示する際の3つのポイント

教師が資料を拡大提示して学習指導する際は、先にも述べた映す内容、つまり、1)拡大提示する資料の選択が重要となる。しかし、どんなに素晴らしい資料であっても、拡大提示しさえすれば子どもが学習する訳ではない。加えて、2)どのように拡大提示するか（焦点化）、3)何と教師が話すか（発話）、についても適切な検討を行い、それらを組み合わせて指導を行うことがポイントとなる(図5)。これら3つが、教師による資料の拡大提示を学習指導として成立させるためのポイントになる。次に各ポイントの詳細について述べる。

1）提示する資料の選択

拡大提示する資料としては、学習のねらいに基づいた中心的な資料、教師が口頭だけでは説明しにくいと感じている資料、子どもがつまずきやすい学習内容に関する資料などが選択されることが多い。さらに具体的には、本書に示されている指導のポイントや授業展開例の記述が大きなヒントになるだろう。

2）焦点化

どのように拡大提示するか、つまり、焦点化の手法は、a)ズーム、b)指し示し、c)書き込み、d)マスク、e)アニメーションの5つに分けられる（高橋ら 2012）。多くの場合で、この5つのいずれかの方法を、単独あるいは組み合わせて提示の工夫をすることが多い。

a)のズームの最も基本的な方法は、学習指導に関係する箇所だけをズームし、不要な部分を提示しないことである(図6)。本書での事例は、そもそも不要な部分が拡大提示されないよ

図5　資料を拡大提示する際の3つのポイント

図6　ズームして不要部分を提示しない

第4章　ICTを活用した資料提示のコツ

う工夫が施されている。加えて、学習指導上の意図をもって、ある一部分だけをズームして提示することで、気付きを促したり、見えていない部分を想像させたりする方法にも使われる。

　b)の指し示しは、教師が、指や指し棒などで、資料を指し示す方法である（図7）。教師による発話に合わせて、丁寧に指し示すことで、子どもの視線をより集中させることができる。資料を提示するだけでは、教えたつもり、わかったつもりになりがちである。何度も同じ資料を提示している教師によっては、資料から読み取らせるべきところが瞬時に目に入ってしまうことで説明した気になり、知らず知らずに指導が簡略化してしまうこともある。そのようなことを防止するために、毎回、丁寧に指し示すことを心がける教師もいる。

図7　丁寧に指し示す

　c)の書き込みは、資料の上に、書き込みを行うことである。電子黒板を利用している場合はペン機能を用いたり、プロジェクタを黒板やマグネットスクリーンに投影している場合はチョークやホワイトボードマーカーで書き込んだり、パソコンの機能を用いて書き込んだりもできる。この実現の方法は様々であるが、効果は大きく変わらない。教師による発話や子どもの発言に合わせて、そのポイントを書き込んでいくことが重要である（図8）。

　d)のマスクは、資料の一部分を隠すことである（図9）。たとえば、教科書の太字部分だけを、付箋紙で隠し、めくっていくような方法である。グラフの凡例、表の数値などの重要部分をあえて隠し、隠していることも明示されることで、より注目させる方法である。デジタル教科

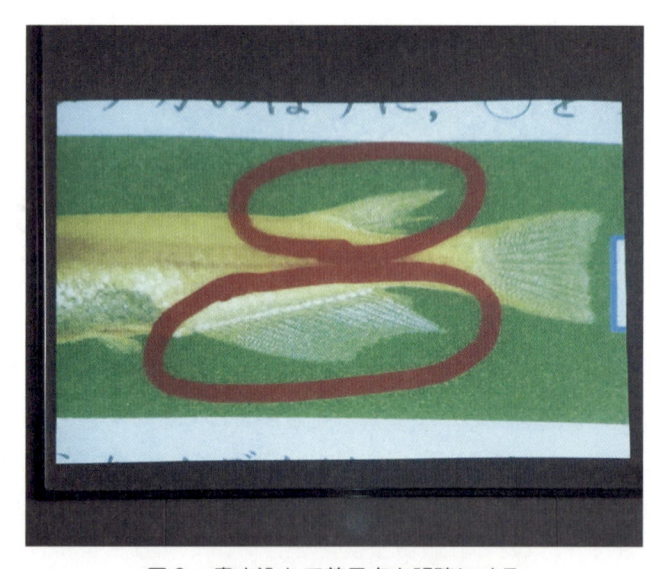

図8　書き込んで着目点を明確にする

書などのデジタルコンテンツによっては、あらかじめ重要部分がマスクされているものもある。また、教師が、パソコンや電子黒板の機能などを用いてマスクを行うこともよく行われている。

　e)のアニメーションは、動的に変化の様子を見せたり、徐々にグラフデータを見せたりする方法である。静止画だけでは伝えにくい内容を動的なアニメーションで見せることは、理解を促すために有効な方法である。一方

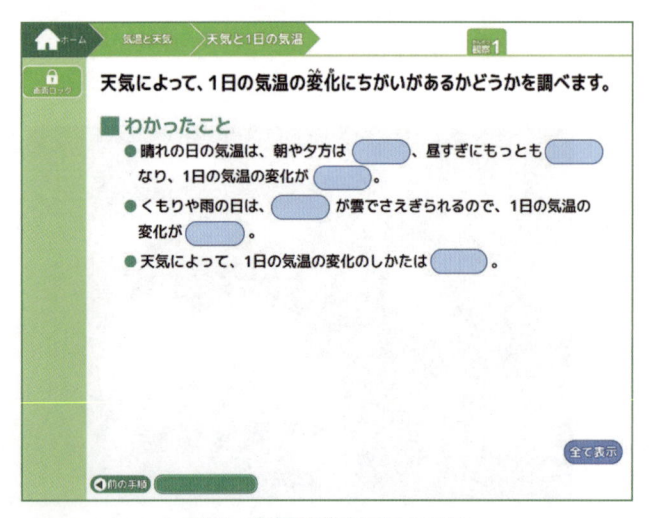

図9　重要部分をマスクする

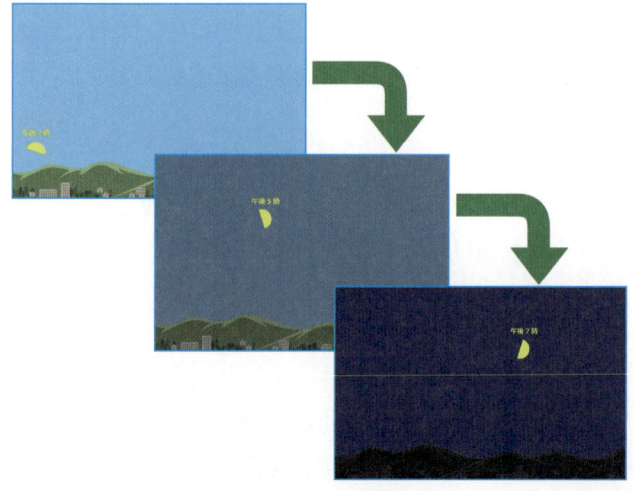

図10　少しずつ提示する

82

で、動画といった自動的に進んでいく表現だけではなく、教師の操作によって、任意の図の一つ一つが提示されていくといった方法もある（図10）。これまでの掛図と異なって、子どもの実態に合わせて臨機応変に提示できたり、授業展開や教師の指導スタイルに合わせて提示できたりするメリットがある。本書では、特にこの表現方法が多用されており、こういったメリットが活かされることが期待されている。

3）教師の発話

　発問、指示、説明といった教師による発話を、より豊かで確実なものにするために、資料の拡大提示があるといえる。つまり、主は教師の発話であり、それを支えるものとして資料の拡大提示がある。例えば、川の石について、上流には大きな角張った石があることは、教師による発話だけでも伝えることはできる。しかし、上流の川の写真を大きく提示したり、下流の写真も同時に提示したりしながら説明した方が、子どもはより理解しやすくなる。さらに、焦点化の手法を用いて、石を大きくズームした写真を提示したりしながら発問してみれば、より考えも深まる。このように教師の発話を助けるのが資料の提示であると考えると、授業のあらゆる場面に組み込みやすくなる。

3．資料の拡大提示の考え方

1）資料を絞り込んで提示する

　豊富に資料があった方が、子どもの思考が深まるという意見もあるが、特に初めて習う内容であれば、その逆となるケースも多い。資料の量が多ければ、それぞれの資料を理解するだけで多くの時間を費やすことになる。結果、深く考えるに至らなくなることも多い。したがって、初学者には、これだけは絶対に欠かせない良質の資料だけを、さらに、その一部分に絞り込んで拡大提示することで、短い時間で内容理解を促すことができる。そして、内容理解が進めば、それに基づいて考えを深めやすくなる。

　これらが、先に述べた「提示する資料の選択」や「焦点化」が重要となる理由の1つになる。本書には、これだけは絶対欠かせない良質の資料だけが掲載されており、さらに、その一部分に絞って提示する手法が、授業展開と共に具体的に示されている。この考え方に基づいて、本書を改めて読み直していただくと、資料の拡大提示の奥深さを感じていただけると思う。

2）資料提示による浅いわかりから、深いわかりにつなげていく

　「わかる」のレベルを、「浅い」と「深い」に区別して考えるならば、資料の拡大提示は浅いわかりの段階に特に効くと考えられる。たとえば、「気温の変化」のグラフを見てわかった気になったとしても、浅いわかりの段階に過ぎない。

　本質的な深いわかりに誘うためには、実験をしてみたり、自ら理由を考えたり、友人の理由と比較したり説明し合ったりといったことが必要である。さらに、この段階で、再び同じ資料を読解してみれば、最初の段階とは比べものにならないほど、多くのことに気付けるようになっている違いない。場合によっては、新たな疑問も生まれ、別の似た資料を欲することになるかもしれない。このように、様々な活動をしつつも少しずつ重なりのある学習を繰り返していくことで、深いわかりが得られるのである。

　つまり、深いわかりを得る段階では、資料の拡大提示を超えた学習活動となる。残念ながら、現時点でICTを用いた資料の拡大提示そのものに、こういった学習活動までを保証する仕組みは実装できていない。将来ICT技術が大きく進展しても、深いわかりを得るためには、直接体験や言語活動が必要とされることだろう。

　したがって、資料の拡大提示が効く学習場面を割り切ることが必要となる。最初の浅いわかりは、子どもの学習の動機付けにも重要である。最初がわからなければ、深いわかりにも到達できない。この部分に資料の拡大提示は、特に効果的であると割り切ることも重要である。

【参考文献】
高橋純・堀田龍也（2009）すべての子どもが分かる授業づくり、高陵社書店
高橋純・安念美香・堀田龍也（2012）、教師がICTで教材等の拡大提示を行う際の焦点化の種類、日本教育工学会論文誌、Vol.35 Suppl., pp.65-68

第5章 「理科教材」の活用法

学習ノートやワークテストを活用すると、ポイントを押さえた授業ができる！

　授業の準備を、みなさんはどのようにされていますか。指導書を読む、同僚の先生に話を聞く、インターネットで調べる。いろいろな準備の方法があると思いますが、実は、ワークテストや学習ノートを授業準備で活用するととっても便利なのです。ワークテストや学習ノートには、授業で何を押さえれば子どもたちに力がつくのか、そのヒントがたくさん含まれています。これまでみなさんが取り組まれている準備の方法に加えて、知っていると得をする、そんなコツを以下に紹介します。

1　学習ノートを指導に活かす

コツ1　「はじめる前に」で既習の内容を確認

　各単元のはじめでは、「はじめる前に」のコーナーで、既習事項を復習したり、生活体験をふり返ったりします。

　例えば、実際に腕や足を曲げ伸ばしして観察してもいいですし、デジタル教材を見せて、子どもたちにたずねるのもよいでしょう。授業のはじめに確認することで、これから行う観察・実験に対する問題意識を高める手立てとなります。見通しをもって観察・実験を行う上でも、必ず時間をとって内容を確認しましょう。

コツ2　比較や関係付ける習慣をつける

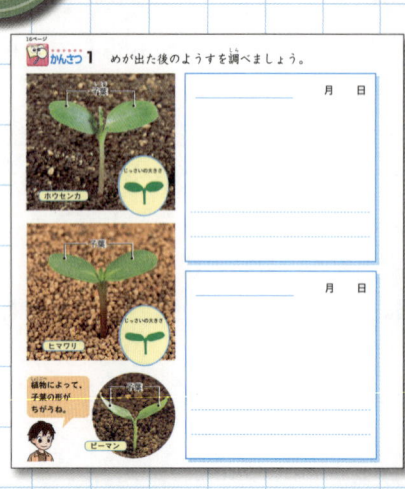

　中学年の学習では、「比較する」（3年生）「関係付ける」（4年生）という視点が重要です。例えば、3年生の学習ノートには、観察・実験した結果を書く欄が、左のように並べて表示してあるページが多くあります。これは、結果を比較して、「どこが同じですか？」「どこが違いますか？」と子どもたちに問いやすくするためです。

　結果を書かせた後は、ページを見ながら比較する、関係付けるための問いかけを心がけましょう。

学習ノートとは

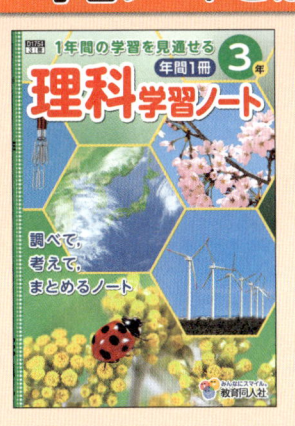

授業の展開に沿って記入していく習得教材です。
観察・実験の記録と学習のまとめができます。

コツ3 「考えよう」では書かせ方が大事

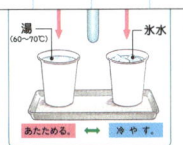

　「考えよう」のコーナーでは、観察・実験をした結果を引用して、問いに対する解答を書かせます。「結果では、空気も水もあたためると体積が大きくなり、冷やすと体積が小さくなったので、空気と水の体積の変わり方は似ている。」のように、観察・実験で見られた具体的な現象を引用して書かせることが大事です。吹き出しには、解答の書き方のヒントが書かれてあるので、参考にするとよいでしょう。解答の書き方を指導することで、ワークテストで問われる「思考・表現」の問題の対策にもなります。

コツ4 「学習のまとめ」のページでテスト対策

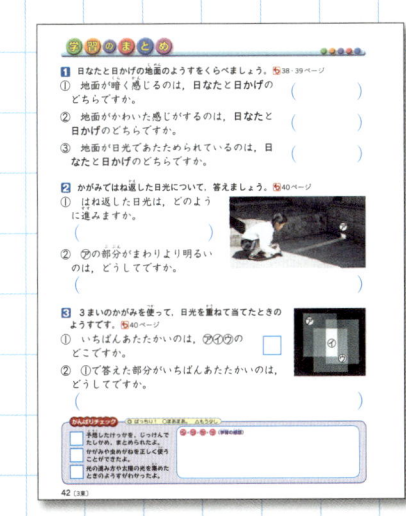

　各単元の最後には、「学習のまとめ」のページで学習内容をふり返ります。このページは、各単元の最後についており、単元の学習が終わった後、時間をとって取り組ませることで、テスト勉強として活用できます。参考ページも書かれてあるので、宿題として取り組ませ、自主勉強の練習として活用することもできます。

第5章 「理科教材」の活用法

2 ワークテストを指導に活かす

コツ1 正しい解答の仕方を教える

　テストが始まる前に、問題に対する解答の仕方を指導します。中学年、特に3年生にとっては、理科は初めて学習する教科です。国語や算数の時とは違う解答の仕方をする問題もあります。「同じですか、ちがいますか。」と問われたら、「同じ」もしくは「ちがう」と書く、「どうしてですか。」と問われたら、「○○だから。」と書く、など、中学年のうちに、問いに対する正しい解答の仕方を指導しておきましょう。

コツ2 問題で取り上げられている用語を確認

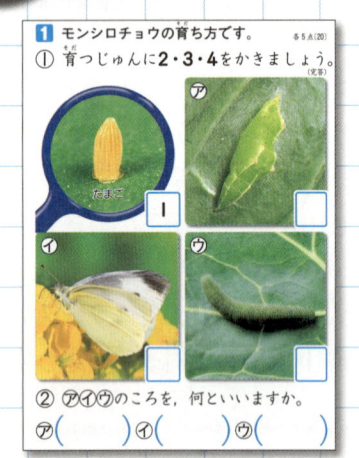

　授業を始める前に、ワークテストで取り上げられている用語を確認します。ワークテストで取り上げられている用語は、単元の学習内容の理解に必要な知識です。用語を確認した後は、用語を正確に使うことを心がけましょう。「虫ではなく成虫です。」「青虫ではなくよう虫です。」のように繰り返し使うことで、子どもたちも正確な用語を意識するようになります。デジタル教材では、穴あきで表示されていることが多いので、学習後、復習する際に活用するのもよいでしょう。

コツ3 問題で取り上げられている実験器具を確認

　授業を始める前に、ワークテストで、どの実験器具が問題として取り上げられているのか確認します。理科のワークテストでは多くの単元に、観察・実験で使った実験器具に関する問題が出てきます。実験器具を取り扱う場面は、単元の中の一場面だったりすることもあるので、観察・実験を行った時だけでなく、例えば授業のはじめにデジタル教材で対象のページを見せ、部品の名前や使い方を確認するなど、折に触れ、実験器具の確認をしましょう。

ワークテストとは

学習内容の定着状況を観点別に評価する教材です。
児童のつまずきを発見して事後の指導に役立てます。

コツ4 記述式の問題は事前に書かせ方を練習する

ワークテストに出てくる記述式で解答する問題は、事前に授業の中で書かせ方を練習します。観察・実験の中の「考察（まとめ）」にあたる活動です。理科の学習では、結果からわかることを「考察」と言いますが、子どもたちにいきなり「考察を書きなさい。」と言ってもなかなか書けません。考察には書き方があり、「キーワードとなる用語（例：形・重さ）」「理由となる事象（例：形が変わっても重さは変わらない）」を含んだ書き方が大切です。観察・実験後に、考察を書かせるときに、「キーワードは？」「理由となる現象は？」など、常に子どもたちに問いかけながら書かせることで、考察の書き方を身に付けさせましょう。

コツ5 「生活にいかす理科」を活用して学習内容を生活経験にいかす習慣をつける

「生活にいかす理科」のコーナーは、ワークテストの際やテストを返した後の一斉指導の際に子どもたちに考えさせます。このコーナーは、身近にあるものを題材として取り上げ、授業で学習したことを活用して考えるようになっています。特に「なぜそうなるのだろう。」と考えさせることで、理科の学習内容が生活の中にいかされていることを実感することができ、習得したことを活用する場となります。

【監修者紹介】(敬称略)
堀田 龍也　ほりた たつや　　東北大学大学院情報科学研究科・教授

1964年生まれ。東京学芸大学教育学部卒業、東京工業大学大学院社会理工学研究科修了。博士(工学)。東京公立小学校・教諭、富山大学教育学部・助教授、静岡大学情報学部・助教授、メディア教育開発センター・准教授、玉川大学教職大学院・教授、文部科学省・参与などを経て現職。日本教育工学協会・会長、2011年文部科学大臣表彰(情報化促進部門)。
専門は教育工学、情報教育。内閣官房「教育再生実行会議第一分科会」有識者、中央教育審議会初等中等教育分科会教育課程部会情報教育ワーキンググループ主査、文部科学省「デジタル教科書の位置付けに関する検討会議」座長、同「先導的な教育体制構築事業」推進協議会座長、同「情報活用能力調査に関する協力者会議」委員等を歴任。
著書に「ベテラン先生直伝 漢字ドリル/計算ドリル/ワークテストの活用法」(教育同人社)、「管理職のための「教育情報化」対応ガイド」(教育開発研究所)、「すべての子どもがわかる授業づくり—教室でICTを使おう」(高陵社書店)、「フラッシュ型教材のススメ」(旺文社)など多数。

【編著者紹介】(書籍全体の編集、第1章・第2～3章「ポイント」執筆)
齋藤 俊明　さいとう としあき　　群馬県藤岡市立藤岡第二小学校・校長
1958年生まれ。千葉大学教育学部卒業。群馬県公立中学校・小学校、群馬県総合教育センター、藤岡市教育委員会などを経て現職。
群馬県総合教育センターの指導主事として、G-TaK（ジータック：群馬県総合教育センター楽しい授業づくり教材コンテンツ集）の開発普及に関わった。
共著に「すべての子どもがわかる授業づくり—教室でICTを使おう」(広陵社)、「ちょっとした工夫でもっと注目される『学校ホームページ』」(教育開発研究所)など

笠原 晶子　かさはら あきこ　　群馬県前橋市立城南小学校・教頭
1961年生まれ。信州大学教育学部卒業。専攻は地層学。群馬県公立小学校教諭、前橋市教育委員会を経て現職。「ICTを活用したわかる授業づくり」をテーマに、手軽で効果的なICT活用の普及に努めている。
共著に「すべての子どもがわかる授業づくり—教室でICTを使おう」(広陵社)、「管理職のための「教育情報化」対応ガイド」(教育開発研究所)、「ベテラン先生直伝 漢字ドリルの活用法」、「ベテラン先生直伝 計算ドリルの活用法」(教育同人社)など

【執筆協力者】
高橋　　純　東京学芸大学教育学部・准教授(第4章)
八木澤史子　東京都大田区立西六郷小学校・教諭(第5章)

【資料提供】(順不同)
チエル株式会社
株式会社アフロ
株式会社アート工房

※所属は2016年9月30日現在のものです。

理科の達人が推薦する
理科重要観察・実験の指導法50選　3・4年生
ISBN978-4-87384-173-1

2016年10月10日　初版発行

監　修　堀田 龍也
編　著　齋藤 俊明　　笠原 晶子
発行者　森 達也
発行所　株式会社 教育同人社　www.djn.co.jp
　　　　170-0013 東京都豊島区東池袋4-21-1
　　　　アウルタワー2F
　　　　TEL 03-3971-5151
　　　　webmaster@djn.co.jp
印刷所　図書印刷株式会社